MARCO POLO

Moskau

Reisen mit Insider Tipps

Diesen Führer schrieb Eva Gerberding.
Die Slawistin reist für Funk, Fernsehen und Printmedien regelmäßig nach Moskau.

marcopolo.de

Die aktuellsten Insider-Tipps finden Sie unter www.marcopolo.de, siehe auch Seite 103

MAIRS GEOGRAPHISCHER VERLAG

SYMBOLE

MARCO POLO INSIDER-TIPPS:
Von unserer Autorin für Sie entdeckt

★ **MARCO POLO HIGHLIGHTS:**
Alles, was Sie in Moskau kennen sollten

HIER HABEN SIE EINE SCHÖNE AUSSICHT

WO SIE JUNGE LEUTE TREFFEN

PREISKATEGORIEN

Hotels

€€€	über 200 Euro
€€	100–200 Euro
€	bis 100 Euro

Die Preise gelten für eine Übernachtung von zwei Personen im Doppelzimmer ohne Frühstück.

Restaurants

€€€	über 50 Euro
€€	25–50 Euro
€	bis 25 Euro

Die Preise gelten für ein Menü mit Vorspeise, Hauptgericht und Nachspeise ohne Getränke.

KARTEN

[114 A1] Seitenzahlen und Koordinaten für den Cityatlas und die Umgebungskarte Moskau

[U A1] Koordinaten für die Übersichtskarte Moskau auf dem hinteren Umschlag

[0] außerhalb des Kartenausschnitts

Einen Metroplan finden Sie im hinteren Umschlag.

Zu Ihrer Orientierung sind auch die Objekte mit Koordinaten versehen, die nicht im Cityatlas eingetragen sind.

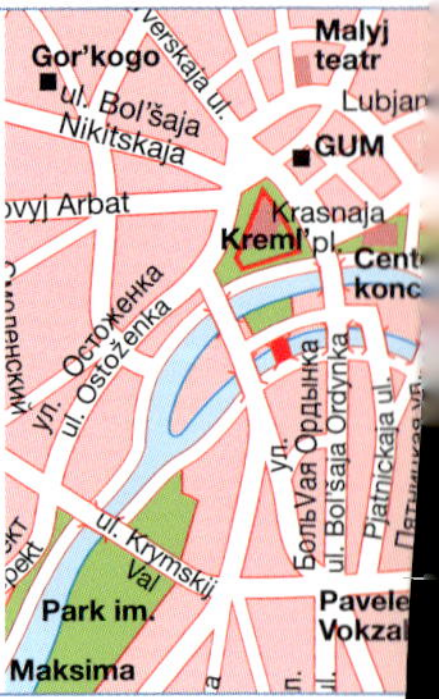

GUT ZU WISSEN

Inhalt

Die wichtigsten
MARCO POLO Highlights

Sehenswürdigkeiten, Orte und Erlebnisse, die Sie nicht verpassen sollten

1 Sperlingsberge
Universität und Parks im Rücken, Skispringer und Souvenirhändler nebenan und vor sich ganz Moskau (Seite 19)

2 Kreml
Von Peter dem Großen verschmäht und verlassen, unter Lenin und der neuen Sowjetmacht wieder zum Sitz der Macht geworden (Seite 24)

3 Neujungfrauenkloster
Das größte und schönste der Moskauer Klöster, das gründlich renoviert seine Pracht zeigt (Seite 30)

4 Roter Platz
Besonders eindrucksvoll präsentiert sich der riesige Platz abends im Scheinwerferlicht (Seite 32)

5 Arbatstraße
Vor hundert Jahren Stadtteil der Literaten und Künstler – im Zentrum die Fußgängerzone: Souvenirhändler, Maler, Musiker und Flaneure (Seite 33)

6 Twerskaja
Die 42 m breite Hauptstraße ist Flaniermeile und außerdem Szenetreffpunkt: Alles, was die Stadt zu bieten hat, findet man hier (Seite 39)

Uliza Arbat – Moskaus erste Fußgängerzone

»Bolschoj Teatr« – »Großes Theater«

Glaube pur in Sergijew Posad

7 Metro
Mit der Rolltreppe ins unterirdische Labyrinth: Lüster, Marmor und Mosaiken – Paläste fürs Volk (Seite 40)

8 Puschkin-Museum
Westliche Kunst wird hier bewundert. Höhepunkte der Sammlung: Picasso, Matisse und Cézanne (Seite 48)

9 Tolstoj-Haus
Über 120 Jahre alte Holzvilla, die Tolstoj auf der Höhe seines Ruhms bewohnte – sehr atmosphärisch (Seite 49)

10 Tretjakow-Galerie
Ikonen und Avantgarde, Marinemaler und Sowjetkunst – zwei Häuser mit russischer Kunst (Seite 50)

11 Kafe Puschkin
Borschtsch mit Piroggen, Wodka zum Kaviar oder nur Tee mit Kuchen – auch Moskaus Schickeria trifft sich gern hier (Seite 58)

12 Metropol
Üppiges Ambiente im Traditionshaus: einmal hingehen, sich vorstellen, wer hier alles gegessen hat (Seite 58)

13 Kaufhaus GUM
Das neue Russland pur: ob Boss oder Benetton, Dior oder Max Mara, alles in über 100 Jahren Architektur (Seite 69)

14 Bolschoitheater
Es muss nicht die Zarenloge sein, auch vom Parkett oder vom Rang kann man »Schwanensee« genießen (Seite 81)

15 Sergijew Posad
Hinter weißen Festungsmauern verbirgt sich das Herz der russisch-orthodoxen Kirche (Seite 98)

★ *Die Highlights sind in der Karte auf dem hinteren Umschlag eingetragen*

Entdecken Sie Moskau!

Zarenherrschaft und Sowjetherrschaft gaben Moskau ihr Gesicht – eine Stadt im Wandel

»Nach Moskau! Nach Moskau!« Mit diesem sehnsüchtigen Ruf endet der zweite Akt des Theaterstücks »Drei Schwestern« von Anton Tschechow, Anfang des 20. Jhs. geschrieben. Welten sind in den nachfolgenden Jahrzehnten durcheinander geraten, aber die Sehnsucht der russischen Menschen nach ihrer Hauptstadt ist geblieben.

Moskau ist immer noch das geistige, kulturelle und auch ökonomische Zentrum Russlands – darauf gründet sich seine Anziehungskraft. Hier in der Metropole laufen die Machtfäden zusammen, die das riesige Land verbunden haben und noch verbinden.

Die Russen haben für Moskau viele zärtliche Namen: Herz Russlands, Mütterchen Moskau, und Stolz schwingt mit, wenn sie Moskau »das dritte Rom« nennen. Doch die russischste aller russischen Städte hat sich verändert in den letzten Jahren: Baukräne ragen in den Himmel, Straßen werden ausgebessert, klassizistische Gebäude restauriert. Die stalinistischen Wolkenkratzer sind nachts beleuchtet. Auf dem Majakowskij-Platz flirren um das überdimensionale Denkmal des Revolutionsdichters die Leuchtreklamen der umliegenden Gebäude. Die blauen Trolleybusse fahren Reklame für westliche Zigarettenmarken. Doch vor der vollständigen Amerikanisierung rettet die Moskauer der Erlass von Bürgermeister Luschkow, dem zufolge die Buchstaben kyrillisch sein müssen.

Einst marschierte Napoleon durch den 76 m hohen Dreifaltigkeitsturm in den Kreml ein

In lässiger Mode – Moskaus Jugend

Hier in Moskau, wo vier Fünftel aller Kapitalbewegungen Russlands abgewickelt werden, wird der scharfe Gegensatz einer gespaltenen Gesellschaft besonders deutlich. Die Fast-Zehn-Millionen-Stadt pendelt zwischen den Extremen und kommt nie zur Ruhe. Zwar ist die Goldgräberstimmung aus den ersten Jahren nach der Auflösung der Sowjetunion verschwunden, aber es ist immer noch eine Zeit, in der viele auf der Jagd nach dem gro-

Ein Juwel ist die Mariä-Verkündigungs-Kathedrale

ßen Geld sind. Doch beim schnellen Sprung in die Marktwirtschaft wurden viele vergessen: Lehrer, Ärzte und Angestellte leben an der Armutsgrenze.

»Russland lässt sich allein mit dem Verstand nicht begreifen«, schrieb im Jahr 1866 der Dichter Fjodor Tjutschew. Und das trifft auf die heutige Zeit sicher noch viel stärker zu. Zu viel Widersprüchliches, Ungewohntes, auch Abweisendes bieten Moskau und seine Bevölkerung auf den ersten Blick. Wagen Sie sich in das Chaos des Moskauer Alltags. Gehen Sie allein auf einen Bauernmarkt, fahren Sie Metro oder Bus, schlendern Sie über die Twerskaja, oder schwitzen Sie in der Banja. Wenn Sie den Wagankowskoje-Friedhof besuchen, werden Sie sehen, wie die Russen Wladimir Wissotskij und Sergej Jessenin verehren und deren Gedichte und Lieder am Grab rezitieren. Erst dann entdecken Sie die Menschen hinter den Fassaden, und das kann die Stadt interessanter machen.

»Das geistige und kulturelle Zentrum Russlands«

Moskau gleicht keiner anderen europäischen Stadt, es wirkt auf Besucher wie ein überdimensionales, reiches russisches Dorf. Die Stadt war jahrhundertelang Residenz russischer Zaren und ist heute als Hauptstadt Russlands der Schnittpunkt Asiens und Europas. Hier spürt man das Aufeinanderprallen verschiedener Kulturen in der Architektur, aber auch im lebendigen Völkergemisch auf den Märkten und Straßen.

Die Geschichte der Stadt ist am stärksten spürbar in ihrem Kern, wo Kreml und Roter Platz die Fäden von Vergangenheit und Gegenwart verknüpfen und fast magnetisch alles an sich zu ziehen scheinen: Macht, Geschichte und nun auch die Touristen. Die Stadt ist im Lauf der Jahrhunderte kreisförmig immer weiter um dieses Zentrum herum gewachsen.

Moskaus Gründungsstunde schlug vor über 850 Jahren (1147), als Fürst Jurij Dolgorukij (»Langhand«) sich entschloss, den Hügel oberhalb der Moskwa, Jahrhunderte zuvor von Jägern und Fischern bewohnt, zu befestigen. Aus dieser ersten Befestigung entwickelte sich dann später der Kreml. Sitz des slawischen Reiches war damals Kiew. Erst zum Ende des 16. Jhs. erlangte Moskau unter Iwan dem Schrecklichen stärkere Bedeutung. Er ließ die Basilius-Kathedrale bauen und die Stadtteile Kitaj Gorod und Weiße Stadt mit Mauern umgeben. Anfang des Jahres 1613 kam mit Zar Michail der erste Romanow auf den Thron. Der visionärste Zar war Peter der Große (1682–1725), der mit der Gründung Petersburgs »das Fenster zum Westen« öffnete. Die Hauptstadt wurde von Moskau nach Petersburg verlegt. Seither rivalisieren die beiden Städte miteinander. Die Romanows regierten bis zum Sturz des Zarismus 1917. In den 300 Jahren hatte sich die Größe des Reiches verdoppelt.

»Allein mit dem Verstand nicht zu begreifen«

Am Ende des 19. Jhs. war Moskau eine Handelsmetropole mit 1 Mio. Einwohnern. Im Rahmen eines großen Baubooms entstanden zahlreiche Jugendstilhäuser (*stil modern*, wie es in Russland heißt), erstmals wurden auch mehrstöckige Wohnhäuser und Fabriken errichtet.

Im Oktober 1917, ein halbes Jahr vor der Erschießung der Zarenfamilie, siegte die sozialistische Revolution. Lenin, der Führer der Bolschewiki und Staatsoberhaupt der neuen Sowjetregierung, machte Moskau 1918 wieder zur Hauptstadt. Die Kämpfe hatten in den meisten Stadtteilen ihre Spuren hinterlassen. Durch die Folgen der Revolution und des Bürgerkrieges setzte eine Landflucht ein, die viele Menschen auf der Suche nach Arbeit in die Städte, vor allem nach Moskau, drängte. In den Zwanzigerjahren dann – die Sowjetmacht hatte sich etabliert – begehrten die in der Stadt lebenden Künstler, Maler, Schriftsteller und Theatertreibenden gegen den starren Kunst- und Kulturbegriff der neuen Regierung auf: Schnell entwickelten sich experimentelles Theater und Kino, avantgardistische Malerei, experimentierfreudige Literatur und konstruktivistische Architektur. Letztere ist noch zu sehen am Iswestija-Gebäude am Puschkinplatz sowie am Telegrafenamt in der Twerskaja.

Diese freiheitlichen Bestrebungen in der Kunst zerstörte Stalins »Sozialistischer Realismus«, seit 1934 offiziell die einzig zugelassene Form der Kunst in Russland. Viele Künstler emigrierten oder starben unter dem Diktator.

Ein »Generalplan zur Rekonstruktion Moskaus« wurde 1935 gleichzeitig mit Beginn des Metrobaus erstellt. Erhalten blieben nur die Grundstruktur der Ringe um den Kreml und die strahlenförmig hinausführenden Straßen. Der Plan entsprach durchaus den Bedürfnissen der schnell wachsenden Stadt, in der 1935 schon 4,5 Mio. Menschen lebten. Holzhäuser und enge Gassen verschwanden, die Twerskaja wurde auf 42 m verbreitert, historische Gebäude wurden auf Rollen an ganz andere Standorte geschoben.

Nach dem Ende des Zweiten Weltkriegs erweiterten die Moskauer ihr Metronetz und bauten die Stalin-Hochhäuser, die heute die Silhouette der Stadt bestimmen.

Nach Nikita Chruschtschows Sturz (1964) verfiel das Land unter Leonid Breschnew und seinen Nachfolgern zunächst in Stagnation und Repression. Erst die ideologische Entmystifizierung des Stalinismus durch Michail Gorbatschow bewirkte eine Umkehr. Begriffe wie Demokratisierung, Mehrparteiensystem und Marktwirtschaft gehören inzwischen zum russischen Sprachgebrauch. Nach dem Putsch im August 1991 trat Gorbatschow zurück, und die Sowjetunion wurde aufgelöst. Boris Jelzin übernahm die Nachfolge. Die Moskauer waren begeistert davon, wie sich Jelzin im Oktober 1993 gegen die nationalkonservativen Putschisten durchgesetzt hatte. Doch die Träume, die damals entstanden, sind längst verflogen. Nach den ersten freien Wahlen hatte Jelzin Schwierigkeiten, sich mit seinen Maßnahmen auf dem Weg zur Marktwirtschaft zu behaupten. Die Privatisierung verlief unsystematisch und willkürlich, die Preise wurden zu früh freigegeben. Sie stiegen seit 1992 um das 26fache, die Löhne und Renten jedoch nur um das 14fache. Der Lebensstandard halbierte sich. Doch Gorbatschow und Jelzin hatten die Grenzen geöffnet: Die Moskauer begannen in den Westen zu reisen, das Land wurde mit westlichen Waren überschüttet, und deutsche und italienische Kleinwagen bestimmten das Straßenbild der Hauptstadt. Es entstand eine russische Mittelschicht, die es bis dahin nicht gab. Doch im verflixten siebten Jahr nach der Auflösung der Sowjetunion, im Sommer 1998, traf Russland die Krise: Der Rubel musste abgewertet werden, das Finanzsystem brach zusammen. Die Verflechtung von Kapital und Politik, die den Nährboden für mafiöse Strukturen geschaffen hatte, wurde offensichtlich.

Die Beinahepleite des russischen Staates führte dazu, dass Boris Jelzin am letzten Tag des Jahres 1999 endlich zurücktrat. Im März 2000 wurde Wladimir Putin neuer Präsident: ein ehemaliger KGB-Mann, der das Land mit zentralistischer Strenge zu regieren versucht. Putin handelt einzig mit dem Ziel, Russland wirtschaftlich und militärisch zu modernisieren. Nach dem 11. September 2001 stellte er sich auf die Seite der USA. Die Ernte, die er als Lohn für seine Solidarität einfuhr, ist reich: Russland wurde der offizielle Status einer Marktwirtschaft verliehen, und es wurde in den Club der führenden Industrienationen aufgenommen. Das Jahr 2002 brachte im vierten Jahr in Folge ein deutliches Wirtschaftswachstum. Die auf Export ausgerichteten Energieversorger sind Moskaus Vorzeigebranche, und nicht nur die Moskauer Börse, sondern ganz Moskau boomt.

»Moskau boomt«

Moskau sucht seine Zukunft in der Vergangenheit. Genau wie in Berlin entstehen manche Stadtteile neu, werden Paläste und Kirchen rekonstruiert. Pünktlich zur Jahrhundertwende hat Moskau sich zur prosperierenden, dynamischen Metropole entwickelt. Nicht nur die von Stalin abgerissene Christi-Erlöser-Kathedrale steht wieder an ihrem Platz, unter dem Manegeplatz ist auf 70 000 m² eine gigantische gläserne Shopping-Mall entstanden.

> ***»Eine Stadt der Kontraste und der Superlative«***

Das undurchdringliche Grau, das zur Sowjetzeit das Stadtbild bestimmt hat, ist verschwunden. Moskau wird bunter, schriller, faszinierender. Überall in der Stadt sind nicht nur die Sonnenuntergänge der Marlboro-Reklame zu sehen, auch der Luxus der neuen Reichen ist maßlos und wird offen zur Schau getragen.

Eine Stadt der Kontraste und der Superlative, selbstbewusst und dynamisch. Eine Stadt, die nie zur Ruhe kommt und immer interessant ist. Die starken Veränderungen im Land sind jedoch auch an den Menschen nicht spurlos vorübergegangen. Mehr denn je stimmt, was Tschechow vor hundert Jahren sagte: »Der Russe vergöttert die Vergangenheit, verabscheut die Gegenwart und fürchtet die Zukunft.«

»Moskau ist eine schlafende Riesin; mitten in Russland liegt sie auf dem Rücken und schläft ihren schweren russischen Schlaf. Um in sie einzudringen, müssen sie ihre erogenen Zonen kennen«, schreibt wiederum das Enfant terrible der postsowjetischen Literatur, der durch seine Theaterstücke auch in Deutschland bekannte Wladimir Sorokin. Dringen Sie ein in die Stadt, schauen Sie hinter Glitzerfassaden, entdecken Sie die neue Leichtigkeit des Seins der Metropole in Clubs, Restaurants, Parks und auf den Straßen.

Häufiges Sujet in der russischen Literatur: das Arbat-Viertel

Von Datscha bis Zuckerbäckerstil

Wissenswertes über Vorlieben und Besonderheiten der Stadt und ihrer Bewohner

Datscha

Eine Datscha, das ist in der Regel ein Holzhaus mit Garten und Außenklo. Sie ist der Traum und das Glück eines jeden Moskauers. Drei Monate im Jahr – im Sommer – interessiert Millionen Einwohner nur ein Thema: Wie wird das Wetter am Wochenende?

Datschas gab es immer schon in Russland. Vor der Revolution zog der Adel im Sommer aufs Land in seine Sommerpaläste oder aufs Gut. Auch Anton Tschechow verarbeitete das Landleben der intellektuellen Moskauer in seinen Dramen. Und Maxim Gorkis Theaterstück »Sommergäste« heißt im Russischen »Datschniki«. In den letzten Jahren entstehen jedoch wahre Paläste aus Stein um Moskau herum. Datschen sind Visitenkarten ihrer Bewohner: Die Größe der Häuser, das Baumaterial, die Höhe der Zäune und auch die geografische Lage zeigen die Stellung der »Datschniki« in der Gesellschaft. Die beliebteste Datschengegend ist der Westen und Südwesten Moskaus. Lieblich und melancholisch ist hier die Landschaft, ein sanft gewelltes Hügelland mit Flüssen und Bächen, Wäldern und Wiesen.

Mehr als 100 Ikonenmaler schmückten 1642/43 die Mariä-Himmelfahrts-Kathedrale im Kreml mit Fresken

Kirche in Russland

1988 feierte die russisch-orthodoxe Kirche ihren 1000. Geburtstag – sie erlebt eine wahre Renaissance. Ehemalige Gotteshäuser wurden und werden wieder ihrer eigentlichen Bestimmung zugeführt, die in den Dreißigerjahren gesprengte Christi-Erlöser-Kathedrale konnte sogar wiederaufgebaut werden. Hier wohnen Jurij Luschkow, Moskaus Bürgermeister, und Wladimir Putin Gottesdiensten bei, denn inzwischen gehört es zum guten Ton, Andachten zu besuchen. Wer erstmals an einem Gottesdienst teilnimmt, wird sich wundern, dass sich die Betenden in ständiger Bewegung befinden: Kerzen werden vor verschiedenen Ikonen aufgestellt und Seelenmessen gelesen. Es ist wie eine Wallfahrt durch die Kirche. Gottesdienste: täglich 18 Uhr, an Feiertagen auch 8.30 Uhr.

Luschkow

Er gilt als König von Moskau: Jurij Luschkow. Seit 1992 herrscht der umtriebige Bürgermeister über die

Stadt. Klein, dick, kahlköpfig und volksnah – und er strotzt nur so vor Aktivität. Luschkow lässt Straßen asphaltieren, Häuser renovieren und Kirchen wieder aufbauen, wie die Christi-Erlöser-Kathedrale. Er hat seine Stadt zum Glänzen gebracht. Seiner Dynamik und seinem Einfluss ist es zu verdanken, dass in Moskau mehr gebaut wird als anderswo im Land. Der studierte Ingenieur verwirklicht eine rigorose Wirtschafts- und Industriepolitik.

Revolutionen

Im Januar 1905 lehnt sich das Volk erstmals gegen die autokratische Herrschaft des Zaren auf. Der Aufstand wird blutig niedergeschlagen. Hunger und Not, verursacht durch den Ersten Weltkrieg, lösen im Winter 1916/17 neue Unruhen und Aufstände aus. Zar Nikolaj II. wird am 15. März 1917 zur Abdankung gezwungen. Eine bürgerliche provisorische Regierung sowie Arbeiter- und Soldatenräte übernehmen gemeinsam die Macht. Im April trifft Lenin aus seinem Schweizer Exil in Russland ein. Am 25. Oktober (alter Zeitrechnung) 1917 stürmen die Bolschewiki unter Führung Lenins das Winterpalais in Petrograd (heute: Petersburg), den Sitz der provisorischen Regierung. Sie übernehmen die Regierungsgewalt und gründen die Sowjetunion. Der Regierungssitz wird nach Moskau verlegt. Moskau wird wieder Hauptstadt.

Schtschukin und Morosow

Der Sammelleidenschaft der Industriellen Sergej Schtschukin und Iwan Morosow hat man es zu verdanken, dass im Moskauer Puschkin-Museum und der Petersburger Eremitage Bilder von Cézanne, Matisse, Monet, Picasso, van Gogh, Bonnard und Gauguin hängen. Sie hatten zu Beginn des 20. Jhs. bedeutende Sammlungen der Malerei der Moderne zusammengetragen. Als die Revolution ausbrach, besaß Schtschukin etwa 250, Morosow etwa 500 Gemälde. 1917 wurden Häuser und Kollektionen enteignet. Schtschukin verließ Russland und lebte bis zu seinem Tod 1936 in Paris. Als er im französischen Exil gefragt wurde, warum er nicht Rechtsansprüche auf seine Sammlung geltend mache, soll er gesagt haben, dass er nicht für sich, sondern für sein Land gesammelt habe. In Morosows Villa (Pretschistenka 21) eröffnete 1919 das erste Museum für westliche Kunst. Anfangs soll Morosow noch selbst durch die Sammlung geführt haben, dann emigrierte auch er und starb 1921 in Karlsbad.

Straße der Hochzeitspaare

Der Park des Sieges beginnt stadtauswärts hinter dem Triumphbogen am Kutusowskij Prospekt. Parallel zum Prospekt verläuft durch den Park die »Straße der Hochzeitspaare«. Samstags trifft laut hupend ein Auto nach dem nächsten hier ein, alle mit Trauringen auf dem Autodach und mit Blumen geschmückt. Die Hochzeitsgesellschaften steigen aus, lassen sich auf dem Platz mit dem Obelisken fotografieren, stoßen mit Champagner an und machen Picknick. Sie tanzen, denn es gibt auch kleine Musikkapellen, die dort spielen. Zwischendrin stehen Würstchenbuden und Colastände, man kann Schaschlik vom Grill kaufen. Es herrscht Volksfeststimmung – und

Die Lomonossow-Universität im Zuckerbäckerstil der Stalinzeit

das jeden Samstag. Besonders viel los ist natürlich im Sommer.

Zereteli

Der Georgier Surab Zereteli ist nicht nur Leiter der Kunstakademie und Bildhauer, er ist auch ein guter Freund des Bürgermeisters Luschkow und deswegen überall in der Stadt präsent. Er hat die Stadt mit vielen Monumentalplastiken verunstaltet. Zu großen Diskussionen und zum Skandal führte in den Neunzigerjahren der Bau des Denkmals für Peter den Großen: Peter – überdimensional auf einem Schiff in der Moskwa. Ein weiteres Objekt des Ärgers für viele Moskauer: der Obelisk mit Siegesengel im Park des Sieges. Auch die Märchenfiguren im Alexandergarten an der Kremlmauer muss Zereteli verantworten. Doch damit nicht genug: Er hat sogar sein eigenes Museum, das sich, sehr zum Ärger von Moskaus Kunstszene, »Museum für Moderne Kunst« (www.tsereteli.ru) nennt.

Zuckerbäckerstil

Egal in welche Richtung man von der Stadtmitte aus sieht: Am Horizont ragt eines der sieben Hochhäuser im Zuckerbäckerstil empor. In dem Beschluss zum Bau dieser Hochhäuser wurde 1947 formuliert: »originelle Bauwerke..., die die Muster der im Ausland bekannten mehrstöckigen Gebäude nicht wiederholen.« Das ist den Stadtplanern unter Stalin gelungen. Diese sieben im pseudogotischen Stil erbauten Monumentalbauten stehen exponiert und beherrschend da. Sie sind sternförmig angeordnet und heute neben Kreml und Basilius-Kathedrale die Wahrzeichen der Stadt. Die Bekanntesten: die Moskauer Universität, das Außenministerium und das Hotel Ukraina.

Feste, Events und mehr

Traditionen aus Zaren- und Sowjetzeit – Hauptsache, es wird gefeiert

Mit der Revolution wurden eine ganze Reihe kirchlicher Feiertage abgeschafft und durch neue, staatliche ersetzt. Früher gab es fast fünfzig Feiertage. Jetzt sind es nur noch zehn offizielle arbeitsfreie Tage. Dann wird an verschiedenen Stellen in der Stadt ein Feuerwerk abgebrannt, im Winter um 21 Uhr, im Sommer um 22 Uhr. Seit dem Ende der Sowjetunion finden die religiösen Feste wieder mehr Aufmerksamkeit.

Feuerwerk über der Universität

Vom 1.–8. Januar und vom 1.–9. Mai läuft in Russland gar nichts. Keine Geschäftsreisen planen!

Feiertage

An den offiziellen Feiertagen sind alle Museen und Geschäfte, bis auf Lebensmittelläden, geschlossen. **1./2. Januar** *(Neujahr);* **7. Januar** *(orthodoxes Weihnachtsfest nach dem Julianischen Kalender. Am Abend des 6. Januar Mitternachtsmessen in den Kirchen, besonders schön die Chöre!);* **23. Februar** *(Tag der Verteidigung der Heimat);* **8. März** *(Internationaler Frauentag. Am 7. März bekommen die Frauen an ihrem Arbeitsplatz Blumen geschenkt, der 8. ist frei, und man feiert in den Familien);* **Ostersonntag** *(zwei Wochen nach unserem Osterfest, 11. April 2004, 1. Mai 2005. Das höchste Fest der orthodoxen Kirche ist Ostern. Mitternachtsmesse am Karsamstag, Prozession mit Ikonen, Kerzen und Hymnensängern. Ostersonntag kommen die Gläubigen in die Kirche, um Ostergebäck und Eier segnen zu lassen);* **1. Mai/2. Mai** *(Tag der Arbeit und Frühlingsfeiertag);* **9. Mai** *(Tag des Sieges, Ende des Zweiten Weltkriegs: Treff der Kriegsveteranen in der Innenstadt, Tanz auf zentralen Plätzen);* **12. Juni** *(Tag der Unabhängigkeit: 1991 Auflösung der Sowjetunion);* **18. November** *(der ehema-*

lige Jahrestag der Oktoberrevolution ist nun zum Tag der Eintracht und Versöhnung erklärt worden); **12. Dezember** *(Tag der Verfassung. Am 12. Dezember 1993 fanden die ersten freien Wahlen nach dem Ende der Sowjetunion statt). Fällt ein Feiertag auf einen Samstag oder Sonntag, wird dieser Feiertag am darauf folgenden Werktag nachgeholt.*

Veranstaltungen

Ende Februar/Anfang März

8 Wochen vor Ostern: *Austreibung des Winters* oder *Butterwoche* mit Troikafahrten, Folkloreveranstaltungen (vergleichbar mit unserem Karneval, besonders schön in Kolomenskoje) und mit Bliny-Essen in vielen Restaurants.

April–Juni

Fotobiennale. 2004 findet der Internationale Monat der Fotografie zum 5. Mal in Moskau statt, *Infos: www.mdf.ru*

Mai

Insider Tipp 5.–13. Mai: *Moskauer Sterne.* Wunderschönes Theater- und Musikfestival (alle zwei Jahre, das nächste findet 2004 statt). Theater, Oper, Ballettvorführungen, Konzerte.

Juni

Moskauer Filmfest. Die Beteiligung wird immer internationaler. 2002 liefen nur drei russische Filme im Wettbewerb.

Juli

Bierfestival. Oktoberfest auf Russisch: Biertrinken, Armdrücken und auch einige sportliche Wettkämpfe, denn das Festival findet in Luschniki, dem großen Sportkomplex, statt.

August

Internationales Jazzfestival. Letztes Augustwochenende. Veranstaltungsort ist der Ermitage-Garten, **[117 E3]** 3. Karetnyj Rjad, *Metro: Puschkinskaja, Tel. 229 11 60, tgl. ab 18 Uhr*

Dezember

Art-Manege. Alle russischen Galerien präsentieren sich einmal jährlich Anfang Dezember im Ausstellungssaal der Manege **[114 B4]**.

Ende Dezember/Anfang Januar

25. Dezember bis 5. Januar: Festival Insider Tipp *Russischer Winter.* Musik- und Tanzfestival mit großem Silvesterkonzert im Konservatorium **[114 A3]**, Folkloretanz, Chormusik, Schlittenfahrten.

Marschmusik zum 9. Mai

Kreml, Klöster und Kirchen

Moskau lässt sich in einem Kurzbesuch nicht erfassen. Schon das, was Sie auf keinen Fall versäumen sollten, wird Sie in Atem halten

Moskau bietet eine Menge verschiedener Sehenswürdigkeiten, die Sie bei einem Kurzbesuch gar nicht alle anschauen können. Da die Stadt sehr weitläufig ist, sollten Sie die Besichtigungen per Metro machen. Für die Metro selbst lohnt sich ohnehin schon eine Besichtigung. Oder mieten Sie sich für 2 bis 3 Stunden ein Taxi. Es gibt auch Taxifahrer, die bei entsprechender Bezahlung ein Tagesarrangement mit Ihnen treffen. So können Sie mehrere Besichtigungen hintereinander absolvieren. Auf jeden Fall anschauen sollten Sie den Kreml mit seinen Kirchen, das Neujungfrauenkloster und eines der Kunstmuseen. Russische Bezeichnungen werden im Folgenden dann angegeben, wenn sie für das Auffinden der Sehenswürdigkeiten oder Museen notwendig sind.

Kleines Schild – großer »Manegenplatz«

AUSSICHTSPUNKTE

Andrejewskij-Brücke [U C4]

Die Fußgängerbrücke ist ein Teil des neuen Moskau, wie Bürgermeister Luschkow es liebt: Modern, aufwändig und repräsentativ überspannt sie die Moskwa vom Frunzenskaja nabereschnaja zum Gorkij-Park. Man kann unter freiem Himmel oder unter der Überdachung die Brücke überqueren, aber das Schönste ist der Blick: Denn nicht nur die Christi-Erlöser-Kathedrale liegt direkt vor einem, sondern auch Moskaus beeindruckende Silhouette inklusive dem Kreml. *Frunsenskaja nab., Metro: Frunzenskaja*

Sperlingsberge (Worobjowje gory) [U B4]

★ 85 m oberhalb der Moskwa, in einer weiten Schleife des Flusses, liegt die Aussichtsplattform der Sperlingsberge, der früheren Leninberge. In den Dreißigerjahren, als

1883 erbaut, 1931 gesprengt, 1997 wiedererrichtet: die Christi-Erlöser-Kathedrale

Fleischer Minin und Fürst Poscharskij vor der Basilius-Kathedrale

Michail Bulgakow seinen Roman »Der Meister und Margarita« schrieb, war dies noch der einzige Aussichtspunkt der Stadt. Nicht umsonst ließ Bulgakow am Ende seines Romans den Teufel nach einem letzten Blick auf die Stadt von dort entfliegen. Der Blick ist bei schönem Wetter überwältigend: Hinten blitzen die Kuppeln der Kremlkirchen, vorn links die des Neujungfrauenklosters. Innerhalb der Flussschleife liegt der 1956 erbaute und 1980 zur Olympiade erweiterte Sportkomplex »Luschniki«. Von hier kann man auch sehr schön die Anordnung der Stalinschen Zuckerbäckerhäuser übersehen. Das größte dieser Gebäude liegt allerdings direkt hinter dem Betrachter: die Staatliche Moskauer Universität.

Auch die großen Mosfilm-Studios und der neue Zirkus befinden sich auf den Sperlingsbergen. Auf den zwei Skisprungschanzen rechts von der Aussichtsplattform kann man sommers wie winters trainierenden Sportlern zusehen. Hier flanieren am Wochenende die Moskauer, und manchmal sieht man auch frisch getraute Hochzeitspaare, die einen Blick auf die Stadt werfen. *Metro: Uniwersitet*

DENKMÄLER

Arbeiter und Kolchosbäuerin [U D1]

Die Bildhauerin Wera Muchina hat das Denkmal für die Weltausstellung 1937 in Paris entworfen. Seit 1939 steht die 25 m hohe Manifestation der Sozrealismus-Kunst der Stalinzeit vor der Allunionsausstellung. *Metro: WDNCH*

Lenin [121 E6]

Das Lenin-Denkmal auf dem Dobrynin-Platz ist erst Ende der Achtzigerjahre erbaut worden – für damals sehr viel Geld.

Ein Erinnerungsmonument ganz besonderer Art – jedoch in letzter Zeit in seiner Existenz sehr umstritten – wurde Lenin mit dem Mausoleum geschaffen **[115 D4]**. Der konstruktivistische Pyramidenbau aus dunkelrotem Granit und schwarzem Labrador, in dem der einbalsamierte Leichnam Lenins liegt und der täglich Tausende von Menschen anzieht, diente gleichzeitig als politische Tribüne. Schon lange wird diskutiert, das Mausoleum zu schließen. Am gläsernen Sarkophag Lenins muss man schnell vorbeigehen; Fotografieren und Sprechen ist nicht erlaubt. Den Fotoapparat dürfen Sie nicht einmal mit hineinnehmen und nirgendwo befinden sich Schließfächer zur Verwahrung. Entweder also muss einer mit dem Fotoapparat draußen warten, oder er bleibt für diesen Besuch im Hotel. *Mausoleum tgl. 10–13 Uhr außer Mo und Fr; Metro: Ochotnyj Rjad; Denkmal Metro: Oktjabrskaja*

Majakowskij **[117 D4]**
Die eindrucksvolle, überdimensionale Skulptur des revolutionären und später von der politischen Entwicklung enttäuschten Dichters Wladimir Majakowskij steht an der Twerskaja vor dem Hotel Peking. Majakowskij beging 1930 Selbstmord. *Metro: Majakowskaja*

Minin und Poscharskij **[115 D4]**
Das älteste Denkmal Moskaus steht auf dem Roten Platz vor der Basi-

MARCO POLO Highlights »Sehenswertes«

★ **Kreml**
Die historische Festungsanlage mit Kirchen und Palästen (Seite 24)

★ **Alexandergarten**
Freizeiterholung mitten im Zentrum (Seite 32)

★ **Twerskaja**
Die Hauptstraße Moskaus mit Hotels, Luxusgeschäften und Denkmälern (Seite 39)

★ **Gorkij-Wohnhaus**
Reiner Jugendstil, innen wie außen (Seite 24)

★ **Christi-Erlöser-Kathedrale**
Die größte Kirche der Stadt (Seite 29)

★ **Sperlingsberge**
Überwältigender Blick vom Aussichtspunkt oberhalb der Stadt (Seite 19)

★ **Metro**
Die Paläste fürs Volk (Seite 40)

★ **Neujungfrauenkloster**
Das alte Kloster, sehr schön restauriert (Seite 30)

★ **Roter Platz**
Das Herz der Stadt mit der Basilius-Kathedrale (Seite 32)

★ **Arbatstraße**
Erste Fußgängerzone der Stadt (Seite 33)

lius-Kathedrale. 1818 enthüllt, erinnert es an den Sieg über die Polen 1612. Minin hatte das Heer aufgestellt, Fürst Poscharskij führte die Truppen. *Metro: Ochotnyj Rjad*

Insider Tipp **Puschkin** **[117 E4]**
Auf dem Puschkin-Platz in der Twerskaja, Moskaus Hauptstraße, thront das Bronzedenkmal des beliebtesten Dichters des Landes: Alexander Puschkin. Der Park um das Denkmal herum ist ein beliebter Treffpunkt im Zentrum der Stadt. 1880 wurde das Monument von dem Bildhauer Opekuschin geschaffen. *Metro: Puschkinskaja*

FRIEDHÖFE

Die Toten werden in Russland besonders geehrt. An Feiertagen und dem Geburts- sowie Sterbetag begibt man sich mit vollen Taschen zum Grab und veranstaltet dort im Kreise der Familie oder von Freunden ein Picknick. Meist stehen kleine Bänke auf den Gräbern, sonst werden Klappstühle mitgenommen. Es wird getrunken und gegessen und so sehr fröhlich und unsentimental der Toten gedacht. Zum Schluss wird dem Toten etwas zum Essen dagelassen und ein Glas Wodka aufs Grab geschüttet. Ein besonderes Ereignis bleibt die Beerdigung von berühmten Toten. Bei Tolstojs Tod strömten Menschenmassen zu seinem Grab. Den Schauspieler und Liedermacher Wladimir Wissotskij, der 1980 starb, begleiteten 500 000 Trauernde.

Nowodewitschij-Friedhof **[U B4]**
Auf dem Friedhof des Neujungfrauenklosters ruhen alle sowjetischen Berühmtheiten, die nicht prominent genug waren, an der Kremlmauer zu liegen. Im 16. Jh. angelegt, war der Friedhof Ruhestätte für den Moskauer Adel und die Geistlichkeit. Seit dem 19. Jh. setz-

Entspannen & Genießen

Draußen 20 Grad Kälte – dann ab in die Banja!

Ohne Banja wären wir alle verloren«, besagt ein russisches Sprichwort. Den Raum einer Banja füllt nicht trockene Hitze, wie in der finnischen Sauna. Man schwitzt in Feuchtigkeit, die von mit Wasser bespülten, glühend heißen Feldsteinen aufsteigt. Mit einer Birkenrute wird der Schweiß aus dem Körper getrieben. Der Ablauf ist sonst ähnlich wie in der finnischen Variante: schwitzen, abkühlen, schwimmen, ausruhen und wieder von neuem. Männer- und Frauen-Banjas sind getrennt.
Die schönste Banja ist die Sandunow Banja **[117 F5]** (*tgl. außer Di 8–22 Uhr, Kasse nur bis 20 Uhr, Neglinnaja ul. 14/Sandunowskij per. 1, Tel. 925 46 31, Metro: Kusnezkij Most*) – hier ließen sich schon Puschkin und Tschechow verwöhnen –, dicht gefolgt von den Krasnopresnenskije Banji **[116 A5]** (*tgl. 8–22Uhr, Stoljarny per. 7, Metro: Ul. 1905 goda*).

Verehrter Opernsänger Schaljapin auf dem Nowodewitschij-Friedhof

te man hier auch berühmte Vertreter der Intelligenzija bei. Nach dem Tod des in Ungnade gefallenen Nikita Chruschtschow (1971) wurde der Friedhof geschlossen, denn Breschnew befürchtete politische Demonstrationen. Seit 1987 ist er wieder zugänglich.

Auf dem Friedhof befinden sich auch die Gräber von Molotow und von Stalins zweiter Frau. Die Schriftsteller Gogol, Ostrowskij, Tschechow, Aleksej Tolstoj, Majakowskij, Twardowskij, Schukschin, die Regisseure Eisenstein, Stanislawskij und Wachtangow, die Komponisten Prokofjew, Rubinstein, Schostakowitsch und die Künstler Lewitan, Serow, Tatlin liegen hier begraben.

Die Grabdenkmäler vieler Toter zeigen symbolisch, womit sie ihren Ruhm erwarben. Ein Besuch lohnt sich unbedingt. Es empfiehlt sich, an einer Führung von Ortskundigen teilzunehmen, da man allein zu lange nach den Gräbern suchen muss. *Tgl. 10–16 Uhr, Nowodewitschij pr. 1, Metro: Sportiwnaja*

Wagankowskoje-Friedhof [U B2] Insider Tipp

Der Friedhof wurde 1771 während einer Pestepidemie angelegt. Gleich am Eingang befinden sich die Auferstehungskirche (Woskresenija-Zerkow) und das Grab von Wladimir Wissotskij. Es ist immer mit Blumen überhäuft und stets gut besucht. Auf diesem sehr schönen Friedhof liegen auch der Dichter Sergej Jessenin, der sich 1925 das Leben nahm, und der deutschstämmige Theaterregisseur Karl Theodor Kasimir Meyerhold. *Tgl. 9–18 Uhr, ul. Sergeja Makejewa 15, Metro: Ul. 1905 goda*

HÄUSER & PALÄSTE

Alte Moskauer Unversität [114 B3]

Vom Gelehrten Michail Lomonossow gegründet, gegen Ende des 18. Jhs. gebaut, ist sie nach dem Moskauer Brand 1817 bis 1819 im klassizistischen Stil umgebaut worden. Heute lehrt hier nur noch die journalistische Fakultät. *Mochowaja ul., Metro: Ochotnyj Rjad*

Bolschoitheater **[115 D1]**
1824 erbaut, erhielt es nach einem Brand im Jahre 1856 seine heutige klassizistische Gestalt. Bestimmend sind die acht riesigen Säulen an der Frontseite des Theaters. *Teatralnaja pl. 7, Metro: Teatralnaja*

Gorkij-Wohnhaus **[117 D6]**
★ Die frühere Villa Rjabuschinskij, vom Architekten Fjodor Schechtel entworfen und 1900 bis 1902 im schönsten Jugendstil erbaut, ist asymmetrisch und zeigt einen umlaufenden bunten Mosaikfries. Ein spitzes Glasdach ragt hervor. Die Villa, in der der Schriftsteller Maxim Gorkij seine letzten Lebensjahre verbrachte (1931–1936), blieb im Originalzustand erhalten. Insider Tipp

Das Wohnhaus Gorkijs lohnt einen Besuch allein wegen der original Jugendstil-Innenausstattung. *Mi und Fr 12–18 Uhr, Do, Sa, So 10–16.30 Uhr, Eintritt frei, Malaja Nikitskaja ul. 6/2, Metro: Arbatskaja, Puschkinskaja*

Insider Tipp **Haus an der Moskwa** **[121 E3]**
Das große Wohnhaus erlangte durch den gleichnamigen Roman Juri Trifonows als »Symbol der Stalinzeit« Berühmtheit. Hier wohnten Prominente der Ära, von denen nur einige diese Zeit überlebten. Das Haus liegt dem Kreml gegenüber am anderen Ufer der Moskwa. Erinnerungstafeln weisen auf seine Bewohner hin: Clara Zetkin, Georgij Dimitroff, Marschall Tuchatschewskij und der Worpsweder Maler Heinrich Vogeler, der hier in völliger Armut seine letzten Lebensjahre verbrachte. Ein kleines Museum dokumentiert die Geschichte des Hauses. *Bersenewskaja nab. 20/2, Metro: Kropotkinskaja*

Kolomenskoje **[U D5]** Insider Tipp
Oberhalb einer Flussschleife der Moskwa liegt in einem weiten Park die ehemalige Sommerresidenz der Zaren Kolomenskoje. Erste urkundliche Erwähnung fand die Anlage schon im 14. Jh. Danach haben die verschiedenen Epochen ihre Spuren hinterlassen.

In dem wunderschönen Park entstand ein Freilichtmuseum mit alten Holzbauten. Auch das einfache Holzhaus Peters des Großen, das er sich in Archangelsk bauen ließ, ist hier ausgestellt. Gleich am Eingang hinter dem ersten Torbogen steht die Kirche der Muttergottes von Kasan. Zar Aleksej, der Vater von Peter, ließ sie 1660 bauen. Mit ihren blauen Kuppeln, auf denen goldene Sterne leuchten, strahlt sie bestechend schön. Zar Aleksej ließ auch einen prachtvollen Holzpalast errichten, der leider nur noch im Museum als Modell zu besichtigen ist, da Katharina die Große ihn abreißen ließ. Eindrucksvoll zeigt sich die Christi-Himmelfahrts-Kirche, die erste russische Zeltdachkirche aus Stein. Sie wurde 1533 zu Ehren der Geburt Iwans des Schrecklichen gebaut.

Kolomenskoje lohnt besonders bei schönem Wetter einen Besuch, da man hier im Park spazieren gehen kann und einen ausgezeichneten Blick auf die Moskwa hat. *Park: tgl. 9.30–19 Uhr, Museum: Mi bis Mo 9.30–18 Uhr, pr. Andropowa 39, Metro: Kolomenskaja, Kaschirskaja*

Kreml **[114–115 C–D 4–5]**
★ »Fürst Jurij bestieg den Hügel, sah sich um, schaute nach allen Seiten, hierhin und dorthin, in beiden Richtungen den Moskau-Fluss und

Holzhaus Peters des Großen im »Architekturmuseum« Kolomenskoje

die Neglinnaja entlang; und er entzückte sich an ihren Dörfern und befahl, unverzüglich hier eine Stadt aus Holz zu errichten, und ihr Name soll Moskau-Stadt sein«, so ein Chronist im Jahr 1156. Der Fürst war der Großfürst Jurij Dolgorukij und der Hügel der Borowitzkij-Hügel, 40 m oberhalb der Moskwa. Wie beschrieben, so geschah es: Eine kleine Ansiedlung, umgeben von einer Palisadenumfriedung, entstand. Schon neun Jahre vorher wurde Moskau in einer Chronik erwähnt, und so gelten beide Daten als Gründungsdaten für die Stadt.

Der Kreml, noch heute Kern von Moskau sowie durch viele Jahrhunderte geistliches und weltliches Zentrum des Landes, war der Ausgangspunkt für die Stadtgründung. Deswegen beginnt mit dem Bau des Kreml die Geschichte der Stadt. »Kreml« kommt aus dem Griechischen und bedeutet Festung, Burg. In den folgenden dreihundert Jahren wurde er mehrmals zerstört oder brannte nieder. Heute dehnt sich der Kreml auf 28 ha aus. Er wird von einer roten Backsteinmauer von 2235 m Länge umgeben. Diese ließ Iwan III. Ende des 15. Jhs. von italienischen Baumeistern errichten (1462–1505).

Schon Anfang des 14. Jhs. entstanden Kirchen, die unter Iwan III. umgebaut wurden und damit ihre heutige Gestalt erhielten. Das wundervolle Ensemble des Kathedralenplatzes mit seinen 50 Kuppeln liegt an der höchsten Stelle des Kreml. Die Krönungskirche der Zaren blieb die *Mariä-Himmelfahrts-Kathedrale* (Uspenskij Sobor). Die Hauptkuppel, von vier kleinen Kuppeln umgeben, ist mit 42 m Höhe einer der großen Kuppelbauten Russlands. Im Innern der Kirche kann man den Thron Iwans des Schrecklichen (1533–1584) besichtigen. Gegenüber liegt die *Mariä-Verkündigungs-Kathedrale* (Blagoweschtschenkskij Sobor). Die kleine neunkuppelige Kirche war die Haus- und Lieblingskirche der Zaren. Hier fanden Hochzeiten und Taufen statt. Bei

Restaurierungsarbeiten nach der Revolution entdeckte man Originalikonen von Andrej Rubljow und dem Griechen Theophanes. Die Wände und die Kuppeln der Kirche zieren Fresken mit historischen und biblischen Szenen. Alle Kirchen des Kremls errichteten italienische Baumeister, bis auf die Mariä-Verkündigungs-Kathedrale, die Kirchenbaumeister aus Pskow erbauten.

Von 1505 bis 1508 entstand die *Erzengel-Michael-Kathedrale* (Archangelskij Sobor). Hier verbinden sich Elemente der italienischen Renaissance mit Charakteristika russischer Sakralbauten. Sie stellte die Grabkirche der russischen Zaren dar. Man findet hier noch 46 Sarkophage. Die Ikone des Erzengels Michael schuf Andrej Rubljow. Die Wandmalereien von Uschakow stammen aus dem 17. Jh. Die schlichteste unter den Kirchen mit nur einer Kuppel, die *Maria-Gewandlegungs-Kathedrale* (Risopoloschenskij Sobor), entstand Ende des 15. Jhs. Sie besitzt sehr schöne Freskenmalereien aus dem 17. Jh. und war die Hauskirche des Metropoliten und Patriarchen. Etwas versteckt liegt sie zwischen der Maria-Himmelfahrts-Kathedrale und dem Terempalast. Die letzte der Kirchen ist die *Zwölf-Apostel-Kirche*. Sie bildet einen Teil des Patriarchenpalastes, der der Sitz des Oberhauptes der russisch-orthodoxen Kirche war. Er wurde im 17. Jh. erbaut. In dem stützenlosen, überwölbten Kreuzsaal sind Bekleidungsstücke und Gebrauchsgegenstände aus dem 17. Jh. ausgestellt.

Der Kathedralenplatz wird abgerundet vom *Glockenturm Iwans des Großen* (Kolokol Iwan Weliki). Auch er entstand zu Zeiten Iwans III.; 1600 ließ Boris Godunow ihn um zwei Geschosse und einige goldene Kuppeln erweitern, sodass er heute 81 m misst. Die Glocken, die in der daneben stehenden Glockenwand untergebracht sind, verkündeten der Stadt heranziehende Gefahren sowie Ereignisse im Zarenhaus, etwa Geburt oder Tod.

Noch zur Zeit Iwans III. erbaute man am Kathedralenplatz den *Facettenpalast*, in dessen Prunksaal wichtige Staatsakte stattfanden und auch heute noch stattfinden. Den 500 m^2 großen Saal schmücken Fresken und Wandmalereien von Uschakow. Der Palast ist leider von innen nicht zu besichtigen.

Iwan III. sorgte jedoch nicht nur für die pracht- und prunkvolle innerbauliche Gestaltung des Kreml, sondern ebenso für den Schutz der Festung, indem er in die

Die MARCO POLO Bitte

WWF

Marco Polo war der erste Weltreisende. Er reiste in friedlicher Absicht, verband Ost und West. Er wollte die Welt entdecken, fremde Kulturen kennen lernen, nicht zerstören. Könnte er heute für uns Reisende nicht Vorbild sein? Aufgeschlossen und friedlich sollte unsere Haltung auf Reisen sein. Dazu gehören auch Respekt vor Mensch und Tier und die Bewahrung der Umwelt.

Großer Kremlpalast: Heute finden in den Sälen Staatsempfänge statt

2235 m lange Mauer 19 Türme bauen ließ.

In den folgenden Jahrhunderten wurde Altes umgebaut und Neues hinzugefügt. So erhielten im 17. Jh. die Kremltürme ihre schmalen, aufsteigenden Spitzen. Unter den Zaren schmückte der Zarenadler die Spitze der höchsten Türme, nach der Revolution tauschte man sie durch riesige rote Sterne aus Rubinglas aus. Unter der Herrschaft der Romanows, die Russland von 1613 bis 1917 regierten, entstanden mehrere neue Bauten. In ihnen setzte sich der Barockstil aus Westeuropa durch. So im *Terempalast*, der heute fast ganz zwischen großem Kremlpalast und Kongresspalast verschwindet. Der Terempalast, Residenz der Zaren, integriert drei kleine Barockkirchen.

Mit der Verlegung der Hauptstadt nach Petersburg verlor der Kreml vorerst seine überragende Bedeutung. Erst Katharina die Große ließ später im klassizistischen Stil den *Senatspalast* bauen, in dem heute die Regierung Russlands ihren Sitz hat. Weithin zu sehen ist der herrliche Kuppelsaal mit seinen 24,5 m Durchmesser und 27 m Höhe, immer mit der russischen Fahne auf der Spitze. Man bezeichnet ihn auch als russisches Pantheon.

Nachdem Moskau nach der Revolution wieder Hauptstadt geworden war, wurde der Kreml erneut Herrschaftssitz. Lenin bezog eine Wohnung im Senatspalast, die heute als Museum eingerichtet ist, und veranlasste, dass alle Baudenkmäler des Kreml restauriert und gepflegt wurden. Unter Nikolaus I. entstand 1838 bis 1849, im klassizistischen Stil von dem Italiener Bartolomeo Rastrelli entworfen, der Große Kremlpalast. Er beherbergt 700 Räume, kann aber leider nicht besichtigt werden. Der prunkvollste Saal ist der Georgssaal mit 1250 m^2 Größe. Im Kremlpalast sollten Sie

Zarenglocke: die größte Glocke der Welt hat nie geläutet

auch die *Rüstkammer* und das mit unvorstellbaren Schätzen ausgestattete *Kremlmuseum* besichtigen. Es gehört zu den bedeutendsten Museen der Welt. An der Stelle zweier Klöster wurde 1932 bis 1934 im klassizistischen Stil in Angleichung an den Senatspalast die *Residenz des Präsidenten der Russischen Föderation* gebaut. Der letzte und hässlichste Bau im Kreml bleibt Chruschtschows Werk: der 1961 errichtete *Kongresspalast*, ein moderner Bau aus Glas, Beton und Marmor. In den zwei Riesensälen, mit 6000 und 2500 Sitzplätzen, finden Vorstellungen des Bolschoitheaters statt.

Weiterhin auf dem Kremlgelände zu besichtigen: die *Zar Puschka* (die Große Kanone), aus der jedoch nie eine Kugel abgefeuert wurde. Sie ist 40 t schwer, wurde 1586 aus Bronze gegossen und hat ein Kaliber von 89 cm. Nicht weit von ihr entfernt befindet sich die *Zarenglocke* (Zar Kolokol), die 6,14 m misst und 210 t wiegt. Sie hat allerdings – wie die Kanone – nie ihre eigentliche Funktion erfüllt, da sie bereits kurz nach der Fertigstellung im Jahr 1737 bei einem Brand Risse bekam und schließlich ein 12 t schweres Stück abplatzte.

Tgl. außer Do 10–17 Uhr, Eingang durch den Kutafja-Turm, direkt hinter der Manege, Kathedralen tgl. 10–17 Uhr, eine Sammelkarte und Einzelkarten kann man auf dem Kathedralenplatz in dem kleinen Kiosk kaufen, www.kremlin.museum.ru, ul. Maneschnaja, Metro: Bibliotheka Lenina, Borowizkaja

Manege **[114 B4]**
Direkt im Zentrum neben dem Kreml liegt die Manege. Ehemals 1817 als Reitschule im klassizistischen Stil erbaut, ist sie heute zentraler Ausstellungssaal des Künstlerverbandes. Auch Theatervorstellungen finden hier statt. *Metro: Ochotnyj Rjad*

Palais Morosow
(Dom Druschby) **[121 E1]**
1890 wurde dieses Gebäude im maurischen Stil für den reichen Kaufmann Arseni Morosow gebaut. Wenn man die ul. Wosdwischenka Richtung Nowyj Arbat hinaufgeht, wirkt es vor den Mammutbauten wie ein anachronistisches Schloss. Als Haus der Freundschaft ist es heute Treffpunkt ausländischer Delegationen. *Wosdwischenka ul. 16, Metro: Arbatskaja*

Palais Paschkow
(Dom Paschkowa) **[114 A5]**
1784 bis 1786 im klassizistischen Stil für den Hauptmann der Leibgar-

de, Pjotr Paschkow, errichtet, kam es beim Brand von 1856 zu Schaden und wurde 1912 restauriert.

Das Gebäude liegt auf einem kleinen Hügel dem Kreml gegenüber. Es bildete das Ursprungsgebäude für die Lenin-Bibliothek, inzwischen wurde sie durch sechs zusätzliche Bauten erweitert worden. Die Lenin-Bibliothek jetzt »Staatsbibliothek« ist Touristen nicht zugänglich. *Ecke Mochowaja ul., Znamenka ul., Metro: Borowizkaja*

KIRCHEN

Basilius-Kathedrale (Chram Wassilija Blaschennowo) [115 D–E4]

»Sie ist wie der Turm zu Babel stufenförmig zusammengesetzt und gipfelt in einer gewaltigen, regenbogenfarbigen, gezackten Kuppel, ringsum sind auf alle Abstufungen des Baus viele kleine Kuppeln verteilt, eine der anderen absolut unähnlich, sie sind über den ganzen Bau ohne Symmetrie, ohne Ordnung verteilt«, so beschreibt Michail Lermontow Anfang des 19. Jhs. die Basilius-Kathedrale, und besser kann man das Bauwerk, das alle Touristen sofort mit Moskau assoziieren, gar nicht erklären. Die von außen wirklich wie ein regelloses Gewirr erscheinende Kathedrale zeichnet aber tatsächlich ein imaginäres griechisches Kreuz als Grundriss. 1555 bis 1560 wurde sie im Auftrag Iwans des Schrecklichen erbaut. Den Anlass gab der Sieg über die Tataren in Kasan. Die Kathedrale sollte eine »Hymne an die Freude« sein. Man sagt, Iwan habe dem Baumeister die Augen ausstechen lassen, damit er nie mehr so ein wundervolles Bauwerk schaffen könne.

Das Innere der Kirche hält nicht, was sie von außen verspricht. Andere Kirchen stattete man weitaus opulenter aus. Die Ikonen und Fresken der Basilius-Kathedrale jedoch sind sehenswert. *Tgl. außer Di 10–16.30 Uhr, Metro: Ochotnyj Rjad, Kitaj Gorod*

Christi-Erlöser-Kathedrale (Chram Christa Spasitelja) [121 E3]

★ Mächtig erhebt sich seit dem Sommer 1997 die Christi-Erlöser-Kathedrale wieder an der Stelle, wo sie einst 1883 geweiht wurde. Stalin hatte sie 1931 sprengen lassen: Der gigantische Palast der Sowjets

Heiligenbilder

Fenster zur Ewigkeit

Das sind für die Gläubigen der orthodoxen Kirche die Ikonen, geweihte Heiligenbilder. Sie werden verehrt und haben in den Wohnungen einen festen Platz. Die Ikonen wurden mit Tempera auf Holz gemalt. Später fasste man sie in silberne Rahmen ein. Die Tradition der Ikonenmalerei kam aus Byzanz. Die Maler waren Mönche. Der berühmteste Ikonenmaler bleibt Andrej Rubljow (ca. 1370–1430).

sollte hier erbaut werden, doch daraus wurde nichts. Der sandige Grund am Moskwaufer bot nicht genügend Halt. Stattdessen baute man unter Chruschtschow ein Schwimmbad hierher. Mit viel Aufwand und Geld hat nun Bürgermeister Luschkow sein Ziel verwirklicht: Eine genaue Kopie des schneeweißen Gotteshauses dominiert mit ihren goldenen Kuppeln die Innenstadt. Die Moskauer Geschäftswelt finanzierte den 300 Millionen Dollar teuren Bau. *Ul. Wolchonka, Metro: Kropotkinskaja*

Insider Tipp

Dreifaltigkeitskirche von Nikitniki (Zerkow Troizy w Nikitnikach) [115 F4]

Sie entstand Mitte des 17. Jhs. und hat Originalfresken von Uschakow, die ausgezeichnet restauriert sind. Sie liegt in Kitaj Gorod nur ein paar Minuten vom Kreml entfernt hinter dem GUM. *Tgl. außer Di 10–17.30 Uhr, Nikitnikow per. 3, Metro: Lubjanka, Kitaj Gorod*

St. Nikolaj Kirche der Weber (Zerkow Swjatitelja Nikolaja w Chamownikach) [120 C5]

Sehr auffällig erhebt sich die grün-orangefarbene Kirche in Moskaus Weberviertel. Weit sichtbar vor allem der Glockenturm mit dem barocken Zeltdach. 1679–82 wurde sie erbaut. Auch in der Sowjetzeit fanden hier Gottesdienste statt. *Komsomolskij pr. 2, Metro: Park Kultury*

KLÖSTER

Wie ein Halbkreis umgeben die Moskauer Klöster von Osten über Süden nach Westen die Stadt. Im 16. Jh. wurden die schon vorhandenen Klöster zu Wehranlagen umgebaut, sie lagen damals vor den Toren der Stadt. Fast alle Klöster erlangten in den letzten Jahren ihre eigentliche Bedeutung zurück. Ihre Besichtigung ist kostenlos.

Andronikow-Kloster (Andronikow monastyr) [123 F2]

In dem sehr malerisch auf einer Anhöhe in der Nähe der Moskwa gelegenen Kloster befindet sich heute das Andrej-Rubljow-Museum mit Werken der Altrussischen Kunst. Der bedeutendste Ikonenmaler lebte und wirkte hier und liegt im Kloster begraben (1410 bis 1427 erbaut). Die Erlöser-Kathedrale, eine Vierpfeilerkirche, stammt aus dieser Zeit, der 81 m hohe Glockenturm wurde im 18. Jh. errichtet. *Tgl. außer Mi 11–18 Uhr, pl. Prjamikowa 10, Metro: Ploschadj Iljitscha*

Danilow-Kloster (Danilowskij monastyr) [U D4]

Das 1282 gegründete Kloster (mit klassizistischer Dreifaltigkeitskathedrale von 1838) diente im Ersten Weltkrieg als Militärlazarett. Nach der Revolution wurde es ein Kinderheim. Erst 1983, anlässlich der 1000-Jahr-Feiern, erhielt die Kirche dieses Kloster zum Aufbau eines neuen geistlichen Zentrums zurück. Nun residiert hier das Oberhaupt der russisch-orthodoxen Kirche, der Patriarch von Pimen. Das Kloster wurde in den letzten Jahren vollständig restauriert. *Bolschoj Starodanilowskij per. 5, Metro: Tulskaja*

Neujungfrauenkloster [U B4] (Nowodewitschij monastyr)

★ Eine Besichtigung des Neujungfrauenklosters ist in jedem Falle zu empfehlen. Das größte und schön-

Neujungfrauenkloster: 15 Gebäude bilden eine Märchenstadt

ste der Moskauer Klöster wurde 1524 gegründet und in den letzten Jahren gründlich restauriert. Im 17. Jh. gehörten dem Kloster riesige Ländereien. Nachdem die Schwester Peters des Großen versucht hatte, ihn zu stürzen, lebte sie hier von 1689 bis 1704 in Verbannung.

Weithin sichtbar ist der 72 m hohe, 1690 erbaute Glockenturm. In der Mariä-Himmelfahrts-Kirche – ein Barockbau aus dem Ende des 17. Jhs. – finden Gottesdienste statt. Die Hauptkirche des Klosters, die Kathedrale der Muttergottes von Smolensk, trägt fünf goldene Kuppeln, die in einem starken Kontrast zu den schlichten weißen Mauern stehen. Sehr schön die Ikonostase. *Tgl. 9–17 Uhr, Nowodewitschij pr. 1, Metro: Sportiwnaja*

PARKS

Gorkij-Park (Park Kultury) [121 D–E6]

Der frühere Park der Zaren mit einem Lustschloss erstreckt sich heute als Gorkij-Freizeit- und Erholungspark auf 100 ha Fläche entlang der Moskwa. Hierhin strömen am Wochenende die Moskauer in Scharen. Im Sommer kann man sich an dem kleinen See Boote leihen, im Winter wird zusätzlich zu dem See noch ein Teil der Wege zum Schlittschuhlaufen vereist. Für Kinder gibt es Spielplätze, Karussells und das große Riesenrad. *Tgl. 10–22.30 Uhr, Krimskij wal 9, Metro: Oktjabrskaja, Park Kultury*

Silberwäldchen (Serebrjanyj Bor) [U A2] Insider Tipp

Das Silberwäldchen ist eigentlich eher ein Naherholungsgebiet mit Badestrand in einer Datschensiedlung als ein Park: eine kleine Insel, von der Moskwa umgeben im Ostteil der Stadt. Hier am Oberlauf des Flusses ist das Wasser noch relativ sauber. Hinter Holzzäunen befinden sich die Datschen (Landhäuser) einiger ausländischer Botschaften sowie einiger Theater. Wenn man im Sommer länger in der Stadt weilt, lohnt eine Fahrt hierher zum Spazierengehen und Baden. Dann kommt halb Moskau an den Strand und feiert Strandpartys. *Metro: Poleschajewskaja, Trollejbusse 20, 21, 65, einfacher ist es per Taxi*

Sokolniki-Park **[U B1]**
Das ehemalige Jagdgebiet des Zaren (Sokol heißt Falke) ist heute ein beliebter Freizeitpark mit einer Schlittschuhbahn, einem Freilichttheater und Restaurants. *Sokolnitscheskij wal 1, Metro: Sokol*

PLÄTZE

Manegenplatz mit Alexandergarten **[114 B–C 5–3]**
★ Jahrelang zeigte sich der Manegeplatz als eine riesige Baustelle. Pünktlich zu den Feierlichkeiten zur 850-Jahr-Feier im September 1997 war alles fertig: Schon 1995 wurde vor dem Historischen Museum das 11 m hohe Denkmal des Berlin-Eroberers General Georgi Schukow eingeweiht. Von dort kann man nun durch eine weitläufige Grünanlage am Kreml entlang bis zur Manege schlendern. Der kleine Fluss Neglinnaja wurde wieder freigelegt, und Springbrunnen plätschern. Durch die Märchenskulpturen des Bildhauers Surab Zereteli wirkt alles ein bisschen wie ein russisches Disneyland und trifft nicht jedermanns Geschmack. Unter dieser aufwändigen Anlage verbirgt sich – Glaskuppeln geben den Blick frei – ein luxuriöses Einkaufszentrum. *Maneschnaja pl., Metro: Ochotnyj Rjad*

Roter Platz (Krasnaja Ploschtschad) **[114–115 C–D 3–4]**
★ Der Rote Platz trägt seinen Namen im doppelten Sinn, denn *krasnaja* heißt rot, aber es hieß im Altrussischen auch schön. Der ursprüngliche Marktplatz existierte schon in der Zarenzeit als Platz politischer Demonstrationen und diente als Versammlungsstätte der Aufständischen gegen die Zaren. Vor der Basilius-Kathedrale sieht man eine erhöhte Plattform (Lobnoje Mesto). Bekanntgaben von zaristischen Proklamationen fanden dort ebenso statt wie öffentliche Hinrichtungen. Peter der Große ließ hier den aufständischen Strelitzen die Köpfe abschlagen, und Stepan Rasin, der Führer des Bauernaufstandes, wurde hier gevierteilt. Heute noch ist der Platz Ort politischer Demonstrationen, die Militäraufmärsche zum 1. Mai finden jedoch in reduzierter Form statt.

Den 60 000 m^2 großen Platz begrenzen an einer Seite die roten Mauern des Kremls mit dem angrenzenden Lenin-Mausoleum aus rotem Granit und auf der gegenüberliegenden Seite das Kaufhaus GUM. Zum Fluss hin fasst die Basilius-Kathedrale und zur Twerskaja das Historische Museum den Roten Platz ein. Besonders eindrucksvoll ist es, am Abend den Ort in der Scheinwerferbeleuchtung zu sehen. Vom Manegenplatz kommend, betritt man den Roten Platz nun wieder durch die Iberische Pforte (auch Auferstehungstor), die 1931 abgerissen und originalgetreu mit der kleinen blauen Kapelle der Gottesmutter von Iberien erneut aufgebaut wurde. *Metro: Ploschadj Rewoljuzij, Borowizkaja*

Insider Tipp

Theaterplatz **[115 D2]**
Die ersten Gebäude auf dem Platz waren das Bolschoi- und das Malyjtheater. Gegenüber vom Malyjtheater das Zentrale Kindertheater und dahinter die völlig neu gebaute Filiale des Bolschojtheaters mit großer Freitreppe. In der Mitte steht das Karl-Marx-Denkmal mit Blick auf das Bolschoitheater.

400 m x 150 m – der Rote Platz wurde im 15. Jh. als Marktplatz konzipiert

Rasenflächen, Blumen und ein Springbrunnen lockern den Platz mitten im Zentrum der Stadt auf. *Metro: Teatralnaja*

STADTTEILE

Arbat **[120–121 C–D 2–3]**
Im 19. Jh. war der Arbat das Viertel des Adels, der Offiziere und der Händler, die hier nach dem Brand 1812 ihre Villen und Stadthäuser bauten. Chruschtschow zerstörte einen Teil dieses schönen alten Stadtteils, der sich zwischen Garten- und Boulevardring, der ul. Pretschistenka und der ul. Worowskowo ausbreitet, durch den Bau des 70 m breiten Kalinin-Prospektes – heute Nowyj Arbat – mit seinen hässlichen grauen Hochhäusern, im Volksmund das »eiserne Gebiss« genannt. Mittelpunkt des Arbat ist die ★ Arbatstraße **[120–121 C–D2]**, die erste Fußgängerzone Moskaus. Sie stellt ein gutes Beispiel für die Veränderung der Stadt in den letzten Jahren dar: Ein Café reiht sich an das nächste und im Sommer kann man draußen sitzen und dem lebendigen Treiben der Souvenirhändler, Musiker und Porträtkünstler zusehen. Fast-Food oder russische Gaststätte: alles ist vorhanden. Zudem wird die Straße von schönen alten Gebäuden gesäumt, die bestens restauriert sind und von den so genannten Neuen Reichen bewohnt werden.

Am pl. Arbatskaja liegt bei der gleichnamigen Metrostation das Restaurant Praga, gegenüber das Kino Chudoschestwennaja, 1909 von dem Architekten Schechtel erbaut. Hier beginnt die Fußgängerzone. An kleinen Läden vorbei kommt man zur Nr. 26, dem Gebäude des 1921 gegründeten Wachtangow-Theaters. Im Haus Nr. 53 wohnte Puschkin für einige Monate, deswegen richtete man hier eine Puschkin-Gedenkstätte ein. Im

Ganz normale Kuriositäten – exotische Tiere in der Arbatstraße

Nebenhaus (Nr. 55) wurde der Schriftsteller Andrej Belyj 1880 geboren, bei uns durch seine mystischen Romane »Petersburg« und »Die silberne Taube« bekannt. Haus Nr. 37 überdauerte als eines der wenigen Empire-Stil-Häuser, die nicht dem Brand von 1812 zum Opfer fielen.

Die Fußgängerzone endet am pl. Smolenskaja, wo sich das Außen- und Außenhandelsministerium und die beiden Hochhäuser der Hotels Belgrad befinden.

Auch abseits der Fußgängerzone lohnt sich ein Bummel durch die kleinen Gassen (Pereulok). Hier kann man gut erhaltene Häuser des Jugendstils und des Klassizismus bewundern. Der Arbat ist in den Werken Puschkins, Tolstojs, Bulgakows, Pasternaks und nun zuletzt auch in Anatolij Rybakows Roman »Die Kinder des Arbat« verewigt. *Metro: Arbatskaja, Smolenskaja, Kropotkinskaja*

Kitaj Gorod **[115 D–F 2–4]**

Der älteste Teil Moskaus nach dem Kreml. Ziemlich bald entstand neben dem Fürstenhof, wie im Mittelalter auch in Westeuropa üblich, ein Marktflecken. *Kitaj* heißt heute im Russischen »chinesisch«, damit hat aber die ursprüngliche Bezeichnung nichts zu tun. Im Mongolischen bedeutet Kitaj »mittlere«. Kitaj Gorod war also die mittlere Stadt, zwischen Kreml und der Außenstadt.

Unter Iwan dem Schrecklichen wurde Kitaj Gorod mit einer Steinmauer gesichert, und zwischen der heutigen ul. Warwarka (also dem Hotel Rossija) und der ul. Jljinka (dem Kaufhaus GUM) entstand ein großes Handelszentrum. Reste dieser Stadtmauer kann man heute noch am Theaterplatz und am *Kitajskij Projesd* südlich des Hotels Rossija sehen. Bis zum 17. Jh. gab es in Kitaj Gorod nur Holzgebäude. Nachdem sie durch einen Brand alle vernichtet wurden, entstanden nach und nach Steinhäuser, die zum Teil heute noch erhalten sind.

Bis zum 18. Jh. durfte in keinem anderen Viertel Moskaus Handel getrieben werden, gegen Ende des 18. Jhs. allerdings verlagerte sich der Handel zur Kusnezkij Most und in andere Straßen. Das Viertel verarmte und war bald überbevölkert. Die Gebäude nutzte man lediglich als Kontore und Warenlager. Auch das Kaufhaus GUM, 1894 erbaut, diente zunächst als Warenlager, erst nach der Revolution wurde es in ein staatliches Kaufhaus umgewandelt. In die anderen Gebäude zogen öffentliche Einrichtungen. Die frühere Handelsatmosphäre scheint nun aber langsam zurückzukehren. Insider Tipp Auf jeden Fall lohnt sich ein Spaziergang durch dieses Viertel wegen der doch recht zahlreichen schönen historischen Gebäude. *Metro: Kitaj Gorod*

Insider Tipp **Samoskworetsche** **[121 F4–5, 122 A–B 2–5]**

Samoskworetsche heißt so viel wie »hinter dem Moskwafluss«, also vom Kreml aus betrachtet auf der anderen Seite. Der ganz eigene Stadtteil liegt wie eine Halbinsel in einer Flussschleife und wird von den vier großen Straßen Bolschaja Poljanka, Bolschaja Ordynka, Bolschaja Jakimanka und ul. Pjatnizkaja markant durchzogen. Erste Siedlungen gab es hier bereits ab Mitte des 14. Jhs.

Um den heutigen Pawelezkaja-Bahnhof siedelten tatarische Gerber. Daran erinnern heute noch tatarische Straßenbezeichnungen wie Ordynka und Tatarskij per.

Vom 19. Jh. an siedelten in dem Stadtteil Kaufleute und Handwerker, gegen Ende des 19. Jhs. kamen Manufakturen und Fabriken hinzu und in der Folge auch eine proletarische Bevölkerung. Nach der Revolution entstanden größere Fabriken. Trotzdem hat sich der Stadtteil, in dem auch die Tretjakow-Galerie liegt (die nach jahrelanger Renovierungsarbeit wieder eröffnet ist), einen gewissen kleinstädtischen Charme erhalten. Hier stehen in manchen Seitenstraßen neben modernen Hochhäusern noch kleine

Richtig fit!

Joggen entlang der Moskwa

Starten Sie an der Andrejewskij-Brücke am Frunzenkaja nabereschnaja. Hier beginnt die schönste Joggingstrecke Moskaus: immer an der Moskwa entlang. Die Brücke, von der man einen phantastischen Blick auf die Stadt hat, führt auf der anderen Flussseite in den Gorkij-Park hinüber. Vor Ihnen liegen 50 ha Berg und Tal mit Wiesen und Bäumen. Die Route führt nach der Brücke rechts in den Neskuschnyj Sad, einen im 18. Jh. angelegten Park. Man kann bis zum Andrejewskij-Kloster laufen und dann zurück. Wem das zu kurz ist, der joggt am Fluss entlang weiter bis zu den Sperlingsbergen.

Holz- und Stadthäuser aus dem 19. Jh., meist nur zweistöckig, Bürgerhäuser und verfallene Kirchen. Also wagen Sie einen Spaziergang über die große Steinbrücke und lassen Sie den Kreml hinter sich.

Vom Sofijskaja nab., an dem auch die Residenz des britischen Botschafters in einem Palais aus dem 19. Jh. liegt, hat man zweifellos den schönsten Blick auf den Kreml. *Metro: Tretjakowskaja, Nowokusnezkaja*

STRASSEN

Bolschaja Nikitskaja ul. [116–117 C–E6]

Die Bolschaja Nikitskaja ul. erstreckt sich von der Mochowaja ul. bis zum Gartenring. Im Haus Nr. 13, erkennbar an dem Tschaikowskij-Denkmal (von Wera Muchina 1946 entworfen), befindet sich das Konservatorium mit dem Großen Konzertsaal.

Nr. 19 beherbergt das Majakowskij-Theater. Neben klassischem Repertoire werden hier auch zeitgenössische Stücke gespielt. Das Theater, 1922 gegründet, erhielt nach Majakowskijs Tod 1930 seinen Namen. An der Kreuzung mit dem Boulevardring befindet sich das Pressegebäude. *Metro: Arbatskaja, Aleksandrowskij Sad*

Boulevardring (Bulwarnoje Kolzo) [117 D–F 4–6, 118 A–C 4–6 u. 121 D–E 1–3]

Bis zum großen Moskauer Brand von 1812 stand an der Stelle des Boulevardrings eine Mauer, die den Stadtteil *Weiße Stadt* umschloss. Dieser hatte sich wie ein Halbkreis um den Kreml und Kitaj Gorod gelegt. In der Weißen Stadt wohnte der Adel und das Bürgertum, so war die Mauer auch eine Abgrenzung gegen die ärmliche Vorstadt.

Nach der Revolution teilte man die großen Wohnungen der Bürgerhäuser in Kommunalwohnungen auf. Eine Familie erhielt ein Zimmer. Küche und Bad wurden gemeinsam genutzt.

Am Boulevardring liegt der alte Zirkus, der sich seit 1990 wieder im neu eröffneten Gebäude befindet. Wichtigstes architektonisches Merkmal des auf 1800 Plätze erweiterten Hauses ist die Integration von Fragmenten des Originalgebäudes von 1880. Am Tschistoprudnyj bl. ist um den Teich und um das Theater Sowremennik ein lebendiges Viertel mit Cafés, Restaurants und einem Kino entstanden.

Zwischen Puschkin-Denkmal und Tass-Gebäude am Twerskoj bl. wird es etwas ruhiger. Viele der schönen alten Adelsvillen sind hier erhalten. Es befinden sich, wenn man McDonald's hinter sich gelassen hat, rechter Hand die Gorkij-Literatur-Hochschule (Nr. 25), die Michail Bulgakow in seinem Roman »Der Meister und Margarita« als Gribojedow-Haus beschrieb, und das Puschkin-Theater.

Am Ende des Boulevardringes an der Metrostation Kropotkinskaja stößt man auf die goldenen Kuppeln der wieder erbauten Christi-Erlöser-Kathedrale, die Stalin 1931 sprengen ließ.

Der Boulevardring, der sich wie ein Gürtel mit einem grünen Parkstreifen in der Mitte – mit Bänken und Spielplätzen –, von den Pretschistenkije Worota bis zum Ende der Soljanka durch die Stadt zieht, zeigt etwas sehr Altmodisches und Charmantes. Immer wieder wird er jedoch von verkehrsreichen Plätzen unterbrochen. Hier herrscht noch das Flair des alten Moskau, aber nur, wenn man in der Mitte durch den Park flaniert. *Metro: Tschistyje Prudy, Kropotkinskaja*

Kusnezkij Most **[117 F5, 118 A5]**
Eine der traditionell wichtigsten und zentralsten Straßen Moskaus und auch eine der ältesten. Sie verläuft hinter dem Bolschoitheater von West nach Ost. In der Mitte des 18. Jhs. wurden die Höfe der ursprünglich hier arbeitenden Schmiede (*kusnez* bedeutet Schmied) von Adligen und Ausländern gekauft. Letztere eröffneten hier Läden, und so wurde Kusnezkij Most langsam zu einer der bedeutendsten Einkaufsstraßen Moskaus. Im Jahre 1826 gab es 18 Modegeschäfte, deren Besitzer überwiegend Franzosen waren. Noch heute ist die Straße eine belebte Einkaufsstraße mit vielen kleinen Läden und Cafés neben neu eröffneten Salons der Haute Couture.

Sehr viel ist von der alten Bausubstanz erhalten geblieben, deswegen sollten Sie sich bei einem Bummel durch diese Straße auf die Gebäude konzentrieren und einfach Moskauer Atmosphäre schnuppern. *Metro: Kusnezkij Most*

Mjasnitzkaja **[118 B–C 4–5]**
Die Mjasnitzkaja erstreckt sich zwischen Lubjanka und dem Gartenring. Seit dem 16. Jh. siedelten in dem mittleren Teil – zwischen Boulevard- und Gartenring – Fleischer, so hieß dieser Teil entsprechend »Fleischerstraße«. Der näher zum Zentrum liegende Abschnitt der Mjasnitzkaja, zwischen Lubjanka und Boulevardring, wurde im 17. und 18. Jh. mit schönen Häusern und Höfen der Aristokratie und der Geistlichkeit bebaut. Auch der Teil der ehemaligen Fleischersiedlung bildet nun ein bevorzugtes Wohngebiet für den Adel und die Kaufleute.

An der Stelle des heutigen Haupttelegrafenamtes hatte sich der Vertraute Peters des Großen,

Grünstreifen ums Zentrum – der Boulevardring atmet Moskauer Flair

Das Weiße Haus ist Sitz der russischen Regierung

Menschikow, ein Stadtpalais bauen lassen, damals das einzige Steinhaus in der Straße. Das Gebäude, schon 1785 vom Moskauer Postamt gekauft, brannte aber 1812 nieder. Seine jetzige Gestalt erhielt das Telegrafenamt 1910/11. Im 19. Jh. gingen die meisten Häuser in den Besitz von Kaufleuten und Fabrikanten über, die hier Kontore und Geschäfte errichteten. So entwickelte sich die Straße zu einer der wichtigsten Geschäftsstraßen Moskaus. Architektonisch interessant ist die Mischung der verschiedenen Stilepochen, da noch gut erhaltene Gebäude aus dem 18. und 19. Jh. neben modernen Glas- und Betonbauten stehen. Nr. 39, das Gebäude von Zentrosojus, erbaute 1936 der Schweizer Architekt Le Corbusier. *Metro: Lubjanka*

Neuer Arbat, Wosdwischenka-Straße (Nowyj Arbat, ul. Wosdwischenka) **[120–121 B–E1]**

Bestimmt wird das Gesicht des ehemaligen Kalinin-Prospektes heute durch das »Eiserne Gebiss«, die grauen Betonhochhäuser aus der Chruschtschow-Zeit.

Von der Lenin-Bibliothek bis zum Boulevardring heißt die Straße nun wieder Wosdwischenka. In diesem ersten Teil – vom Kreml bis zum Arbat pl. – stehen noch einige schöne Gebäude aus dem 19. Jh. Im Haus Nr. 5 befindet sich heute das Schtschussew-Museum für russische Architektur. Dieses Palais aus dem 18. Jh. beschrieb Tolstoj in »Krieg und Frieden« als Haus von Pierre Besuchow. Besonders schön ist Nr. 16, das Palais Morosow.

Hinter dem Arbat-Platz mit dem Restaurant Praga und dem Kino beginnt der modernisierte Teil mit den Hochhäusern. Ab hier heißt es Neuer Arbat. Vom Arbat-Platz aus gut sichtbar steht die kleine fünfkuppelige Kirche Simeon-Stylites aus dem 17. Jh. fast verloren vor den 25-stöckigen Häusern. Unterhalb der Hochhäuser findet man einige Läden: das Dom-Knigi und den Schallplattenladen Melodija. Am Ende dieser Straße liegt das »Weiße Haus« am Ufer der Moskwa. Seit dem Putsch 1993 ist der Sitz der russischen Regierung international bekannt. Man hat einen beeindruckenden Blick auf das Hotel Ukraina auf der anderen Flussseite. *Metro: Krasnopresnenskaja, Barrikadnaja*

Pretschistenka **[120–121 C–D 3–4]**

Während der Sowjetzeit nannte man die Straße nach dem Fürsten Kropotkin (1842–1921), dem Verfasser theoretischer anarchistischer Werke. Sie ist eine der schönsten erhaltenen Straßen der Stadt: Hier mischen sich Jugendstil und Klassizismus.

Angelegt wurde die Straße im 16. Jh. als Weg vom Kreml zum Neujungfrauenkloster. Seit dem 18. Jh. entstanden hier die elegantesten und prächtigsten Adelspalais und Kaufmannshäuser. Nr. 11 beherbergt heute das Tolstoj-Museum. Die Nr. 12 gegenüber, ebenfalls ein Empiregebäude von 1814, bietet einer Gedenkstätte für Puschkin Raum. Man erfährt etwas über Puschkin und über das Leben des russischen Adels im 18. und 19. Jh.

Ebenfalls aus dem 18. Jh. stammt das Haus des Fürsten Dolgorukow (Nr. 19) im Stil des Klassizismus und mit einem Säulengang versehen. Hier befindet sich das Institut für Kunstgeschichte. Das Haus nebenan (Nr. 21) gehörte Fürst Grigori Potjomkin. Puschkin hielt sich oft dort auf. Im 19. Jh. ging es in den Besitz des Fabrikanten Morosow über. Heute beherbergt es die Akademie der Schönen Künste und wird oft für Ausstellungen geöffnet. Viele der Häuser wurden in der Mitte des 19. Jhs. von reichen Fabrikanten oder Kaufleuten erworben. Eines der prächtigsten Jugendstilhäuser ist das mit der Hausnummer 28, das 1906 erbaut wurde. Die Pretschistenka entwickelte sich – wie das ganze Viertel – zu einer sehr beliebten Wohngegend für die »neuen Russen«. Sie endet im Gartenring. *Metro: Park Kultury, Kropotkinskaja*

Twerskaja **[116–117 C–F 2–6]**

★ Dies ist die erste Straße im Zentrum, auf die Sie treffen, wenn Sie aus Richtung Flughafen kommend in die Stadt fahren. Schon seit dem 14. Jh. stellte sie *die* Ausfallstraße nach Twer (Kalinin) und Nowgorod. Traditionell hieß sie deshalb Twerskaja und wurde erst 1935 zu Ehren des Schriftstellers Maxim Gorkij umbenannt. 1991 bekam sie ihren alten Namen wieder.

Als erste Moskauer Straße erhielt sie im 18. Jh. Steinpflaster und schon früh wurden die Holzhäuser durch Steinhäuser, Hotels, luxuriöse Geschäfte und Kaufmannshäuser ersetzt. Als Mitte des 19. Jhs. reiche Kaufleute hier Mietskasernen bauten, verlor die Twerskaja ihre Bedeutung als Hauptstraße der Stadt. Schon damals besaß sie die ungewöhnliche Breite von 20 m, und seit der Verbreiterung und Verlegung der Häuser nach der Revolution misst sie sogar mehr als das Doppelte, 42 m.

Gleich linker Hand vom Ochotnyj Rjad kommend liegt das *Hotel National* mit seinem alten Charme. Daneben befindet sich das *Jermolowa-Theater*, in dem vor allem Stücke zeitgenössischer Dramatiker zu sehen sind. Das Eckhaus zeigt das konstruktivistische Telegrafenamt aus dem Jahr 1927. Außerdem interessant ist das Haus Nr. 13, das 1782 für den Grafen Tschernischew (Generalgouverneur von Moskau) gebaut wurde. Die beiden oberen Etagen kamen erst später hinzu. Heute residiert hier der Moskauer Bürgermeister.

Am Twerskaja Ploschtschadj steht das Denkmal für Fürst Jurij Dolgorukij, den Gründer Moskaus. Auf der rechten Seite folgt das *Hotel Zentralnaja*, das ehemalige *Hotel Lux*, das in den Dreißigerjahren Herberge für deutsche Oppositio-

Rechts stehen, links gehen: Lange Rolltreppen führen in die Metro hinab

nelle war. Daneben liegt das *Delikatessengeschäft Jelissejew.* Vor der Revolution zeigte es sich als das erste Delikatessengeschäft in Moskau, aber auch heute noch lohnt sich ein Besuch. Das Eckhaus daneben beherbergte jahrelang einen beliebten Theaterklub. Heute befindet sich hier eine luxuriöse Einkaufsmeile mit westlichen Edelshops.

Wenn man den Puschkinplatz mit Puschkin und McDonald's hinter sich gelassen hat, endet die Einkaufszone der Twerskaja. Linker Hand war in einem pompösen Empirepalast aus dem 18. Jh. früher der Englische Club für Adlige untergebracht, heute bietet sich der Palast als Domizil für das *Museum für die moderne Geschichte Russlands.* Auf dem Majakowskij-Platz errichtete man 1721 nach dem Sieg über die Schweden einen Triumphbogen. Den Platz begrenzen das *Satiretheater* und daneben der *Tschaikowskij-Konzertsaal,* ein modernes Schnellrestaurant und das *Hotel Peking.* Dieser Teil der Twerskaja wird immer luxuriöser. Neben einigen kostspieligen Geschäften liegen hier das *Marriott Grand Hotel,* das *Palace Hotel* und das *Hotel Twerskaja.*

Die Twerskaja endet nach etwa 3 km am Weißrussischen Bahnhof und dem Gorkij-Denkmal, das Wera Muchina 1951 entwarf. *Metro: Ochotnyj Rjad*

TECHNISCHE SEHENSWÜRDIGKEITEN

Metro

★ 1935 wurde die Moskauer Untergrundbahn mit 13 Stationen eröffnet. Sie wird gerühmt, die schnellste und billigste U-Bahn der Welt zu sein. Auf mehr als 200 km durchzieht sie mit ihren über 100 Stationen das Moskauer Stadtgebiet. Die Moskauer U-Bahn ist im Großen und Ganzen sicher und zuverlässig. In der *Tschas Pik,* der Stoßzeit, verkehren die Bahnen sogar alle 30 Sekunden.

Die verschiedenen Etagen der Metro liegen zum Teil sehr tief unter der Erde. Es gibt an einigen Stationen Rolltreppen, auf denen man – in der Mitte stehend – weder das Ende noch den Anfang sieht. Hier herrscht Disziplin: rechts stehen, links gehen.

Wenn Sie eine Rundfahrt machen wollen, bietet sich die Ringlinie *(Kolzewaja Linija)* an. Das Aussteigen lohnt sich an der *Komsomolskaja.* (Sie wurde 1952 fertig gestellt). In einem mächtigen Stuckgewölbe prangen Gemälde barocker historischer Szenen. Jedes Monumentalmosaik besteht aus ca. 300 000 Einzelteilchen. Beherrscht wird das großzügige Gewölbe von riesigen Kronleuchtern, abgestützt von hellen Marmorsäulen.

Interessant ist auch die Station *Nowoslobodskaja,* deren beleuchtete Buntglasfenster den Eindruck erwecken, dass Tageslicht hindurchscheine. In der *Kiewskaja* befinden sich Mosaikbilder, die die historische Freundschaft zwischen der Ukraine und Russland dokumentieren. Beeindruckend ist auch die Station *Barrikadnaja* mit dem roten Marmor. Hier sind auf riesigen Reliefs Revolutionsmotive verewigt. Die Eingangsbauten der Stationen *Nowoslobodskaja, Komsomolskaja, Krasnopresnenskaja* und außerhalb der Ringlinie *Arbatskaja* und *Kropotkinskaja* sind ebenfalls überaus sehenswert.

Hervorzuheben ist vor allem noch die Station *Majakowskaja,* deren Modell 1938 auf der Weltausstellung in New York den Grand Prix erhielt. Sie besteht aus dunkelgrauem Marmor, roten Halbedelsteinen und rostfreiem Stahl. In der Metrostation *Sportiwnaja* befindet sich ein Metromuseum *(Di–So 9–16 Uhr, Mo 11–18 Uhr).*

Insider Tipp

WASSERWEGE

Bei schönem Wetter und genügend Zeit ist es ein Genuss, mit dem Schiff auf der Moskwa entlangzufahren. Sie sind etwa 1 ½ Stunden unterwegs. Abfahrtspunkte: **[120 A3]** *Kiewer Bahnhof, Metro: Kiewskaja,* **[122 A–B2]** *Hotel Rossija, Metro: Kitaj Gorod*

Eineinhalb Stunden Genuss: Sightseeing auf der Moskwa

Dichterhäuser und Kunstpaläste

Sie können viele Wochen in Moskaus Museen verbringen und werden immer noch etwas Neues, Interessantes entdecken

Moskau hat über hundert Museen. Hier eine richtige Auswahl zu treffen ist in erster Linie abhängig von Ihren Interessen und natürlich auch von Ihrer Zeit.

Neben den beiden großen Kunstmuseen – Puschkin-Museum und Tretjakow-Galerie – sowie der Rüstkammer des Kreml, die besonders interessant sind, bietet Moskau mit seinen literarischen Gedenkstätten, die in den ehemaligen Häusern beziehungsweise Wohnungen berühmter Dichter eingerichtet wurden, eine Spezialität für Literaturliebhaber. Leider sind nur für einige Museen Kataloge erhältlich.

Die Öffnungszeiten der Museen sind nicht einheitlich geregelt. Sie schließen jeweils einen Tag in der Woche – meist ist es der Montag. Damit Sie nicht, trotz offizieller Öffnungszeiten, doch vor verschlossenen Türen stehen, empfiehlt es sich in jedem Falle vor einem Besuch anzurufen (bitten Sie den Reiseservice Ihres Hotels). Seit einiger Zeit gibt es unterschiedliche Eintrittspreise für Russen und für Ausländer. Ausländer bezahlen in der Regel mindestens 5 Euro. Fotografieren und Filmen muss extra vergütet werden, falls es überhaupt erlaubt ist. Die wichtigsten Museen finden Sie auf: *www.museum.ru*

Die Krönungsrobe von Katharina der Großen (1762) in der Rüstkammer des Kreml

Alter Englischer Hof (Staryj Anglijskij dwor) **[115 E4]**
1553 übergab Iwan der Schreckliche dieses Gebäude englischen Kaufleuten, die sich ausschließlich mit dem Russlandhandel beschäftigten. Der »Englische Hof« entwickelte sich zum Handelsumschlagplatz und zum diplomatischen Treffpunkt. Das Museum dokumentiert die Geschichte dieser Beziehung und wurde Ende der Neunzigerjahre von Königin Elisabeth II. eingeweiht. *Di, Do, Sa, So 10–18 Uhr, Mi, Fr 11–19 Uhr, ul. Warwarka 4 a, Metro: Kitaj Gorod*

Andrej-Rubljow-Museum **[123 F2]**
★ Dieses Museum liegt im Osten der Stadt in dem im 15. Jh. gebauten Andronikow-Kloster. Andrej Rubljow (ca. 1370–1430) lebte und arbeitete im Kloster und ist in der Erlöser-Kathedrale beigesetzt. Der Mönch gilt als der bedeutendste

Gorkijs Wohnhaus ist ein Jugendstilmeisterwerk von 1900

Ikonenmaler des Mittelalters. Seine Lebensgeschichte hat Regisseur Andrej Tarkowskij verfilmt. Leider sind in dem Museum nur Kopien der Werke zu sehen, allerdings von hohem künstlerischem Wert. Die Originale hängen in der Tretjakow-Galerie. Man bekommt im Andrej-Rubljow-Museum einen guten Überblick über die altrussische Ikonenmalerei. Deswegen lohnt sich ein Besuch, den man gut mit einem Spaziergang durch das sehr reizvoll auf einer Anhöhe gelegene Kloster verbinden kann. *Tgl. außer Mi 11–18 Uhr, letzter Fr im Monat geschl., Andronewskaja pl. 10, Metro: Ploschadj Iljitscha*

Architekturmuseum Schtschussew **[114 A4]**

Dieses Museum vermittelt eine Übersicht über die Architektur Moskaus, aber auch des restlichen Landes. Anhand von Modellen, Plänen und Skizzen zeigt es Gebäude vom 10. Jh. bis zu den Hochbauten der Gegenwart. Es wurde nach dem bedeutenden Architekten Aleksej Schtschussew (1873 bis 1949), dem Erbauer des Lenin-Mausoleums auf dem Roten Platz und des Kasaner Bahnhofs, benannt. *Di–Fr 10–18 Uhr, Sa und So 11–16 Uhr, Wosdwischenka 5, www.muar.ru, Metro: Borowizkaja, Arbatskaja*

Bachruschin-Theatermuseum **[122 B–C5]**

★ Der Bankier Bachruschin gründete 1894 dieses Museum und übergab es 1913 der Akademie der Wissenschaften. Angefangen von einer Dokumentation der Leibeigenen-Theatertruppen zeigt es vor allem die letzten 100 ruhmvollen Jahre der russischen und sowjetischen Theatergeschichte. Ausgestellt sind dort Requisiten, Kostümentwürfe, Bühnenbildmodelle, Plakate, Schallplatten, Tonbänder, Programmzettel und Fotos.

Dem Sänger Fjodor Schaljapin ist ein Gedenkraum gewidmet. Für Theaterinteressierte unbedingt sehenswert. *Mo 12–17, Mi–So 12–18 Uhr, letzter Mo im Monat geschl., ul. Bachruschina 31/12, Metro: Pawelezkaja*

Borodino-Panorama-Museum **[U B3]**
Auf einer Anhöhe am Ende des Kutosowskij-Prospekts hatte Napoleon 1812 Halt machen lassen, um auf eine Abordnung Moskauer Bürger zu warten. Hier wurde 150 Jahre später der Museumsrundbau eröffnet, der an die Schlacht um Borodino erinnert, in der General Michail Kutusow Napoleons Truppen schlug. Wie in einem Kuppelkino fühlt man sich in dem Rundmuseum, einbezogen in die Schlacht, die auf einem Monumentalgemälde (115 m lang und 15 m hoch) des Malers Rubo dargestellt ist. Außerhalb des Museums befinden sich der Triumphbogen von 1834, ein Obelisk an einem Massengrab der 1812 gefallenen Soldaten und ein Denkmal für Kutusow. *Tgl. außer Fr 10–18 Uhr, letzter Do im Monat geschl., Kutusowskij pr. 38, Metro: Kutusowskaja*

Glinka-Musikmuseum **[117 D3]**
Das kleine Museum zeigt eine interessante Sammlung alter, seltener Musikinstrumente und Partituren russischer Komponisten. Für Musikliebhaber sehr sehenswert. *Tgl. außer Mo 11–19 Uhr, letzter Tag im Monat geschl., ul. Fadejewa 4, www.museum.ru/glinka, Metro: Majakowskaja, Nowoslobodskaja*

Gorkij-Wohnhaus **[117 D6]**
Insider Tipp
Vor allem wegen des schönen Jugendstilgebäudes und des Originalinterieurs lohnt ein Besuch im Gorkij-Wohnhaus, in dem der von den Russen hochverehrte Schriftsteller seine letzten Lebensjahre verbrachte (1931–1936). Maxim Gorkij (1868–1936) gilt als Schriftsteller

MARCO POLO Highlights »Museen«

★ **Rüstkammer im Kreml**
Die Schätz,er Zaren
(Seite 49)

★ **Literaturmuseum**
Vermittelt einen Überblick über die russische Literatur
(Seite 46)

★ **Tretjakow-Galerie**
Die bedeutendste Sammlung russischer Kunst (Seite 50)

★ **Andrej-Rubljow-Museum**
Werke des bedeutendsten russischen Ikonenmalers
(Seite 43)

★ **Tolstoj-Haus**
Viel Atmosphäre herrscht in der Originaleinrichtung des Holzhauses
(Seite 49)

★ **Puschkin-Museum für bildende Künste**
Sammlung westeuropäischer Kunst und Schliemanns Troja-Gold (Seite 48)

★ **Bachruschin-Theatermuseum**
100 Jahre sehr erfolgreiche russische Theatergeschichte
(Seite 44)

des sozialistischen Realismus. Bekannt und berühmt geworden ist er außerhalb der Sowjetunion vor allem durch seine Dramen »Nachtasyl«, »Sommergäste« und »Kinder der Sonne«. Das im Originalzustand belassene Haus war das Zentrum des literarischen Moskaus zu Beginn der Dreißigerjahre. *Mi, Fr 12–18 Uhr, Do, Sa, So 10–16.30 Uhr, letzter Do im Monat geschl., Malaja Nikitskaja ul. 6/2, Metro: Arbatskaja, Barrikadnaja*

Historisches Museum (Istoritscheskij musej) **[114 C3]**
Seit 1872 beherbergt das Backsteingebäude am Roten Platz das Historische Museum. 48 Säle zeigen mit Hilfe von 4,5 Mio. Exponaten die russische Geschichte von ihren Anfängen bis heute. *Tgl. außer Di 11–19 Uhr, erster Mo im Monat geschl., Krasnaja pl. 1/2, www.shm.ru, Metro: Ploschtschad Rewoljuzii*

Insider Tipp **Kinomuseum** **[116 B6]**
Klein, aber fein: Kinoplakate, Bücher über Filme und Fotos (u. a. auch das Filmarchiv von Sergej Eisenstein). *Tgl. 15–20 Uhr, Druschinnikowskaja ul. 15, Metro: Krasnopresnenskaja*

Kosmonautenmuseum **[U D1]**
Für alle Freunde des Alls: Die Geschichte des Kosmos und der russischen Weltraumfahrt wird sehr anschaulich dargestellt. *Di–So 10 bis 18 Uhr, letzter Fr im Monat geschl., Pr. Mira 111, Metro: WDNCH*

Literaturmuseum (Literatrunyj musej) **[117 F4]**
★ Acht Räume verwahren in einem alten Palais aus dem 17. Jh. im Naryschkin-Stil die Perlen der russischen Literatur. Hier befinden sich Exponate von Dostojewskij, Gogol, Lermontow, Tolstoj, Turgenjew, Block, Gorkij, Jessenin, Achmatowa, Pasternak, Jewtuschenko: zum Teil die Erstausgaben ihrer Werke, Handschriften, Autografen, persönliche Gegenstände, Fotos und Porträts sowie Phonogramme ihrer Lesungen. Für Literaturkenner, aber auch für Einsteiger in die russische Literatur mit entsprechender Führung unbedingt empfehlenswert. *Di, Do, Sa 11–17 Uhr, Mi, Fr 14–18 Uhr, letzter Tag im Monat geschl., Petrowka 28, Metro: Tschechowskaja, Puschkinskaja*

Majakowskij-Museum **[118 B6]** Insider Tipp
Erst seit 1974 gibt es das Majakowskij-Museum in dem Wohnhaus, in dem der Literat von 1919 bis 1930 lebte. Wladimir Majakowskij (1893–1930) setzte seinem Leben ein Ende, weil er persönlich und politisch von den Ereignissen jener Zeit enttäuscht war.

Ursprünglich studierte Majakowskij Malerei und Bildhauerei. So sind hier nicht nur Schriften und Fotos, sondern auch Bilder, Plakate und Skizzen zu sehen. Auf Anfrage werden Auszüge aus seinem Film »Das Fräulein und der Rowdy« von 1918 gezeigt. *Fr–Mi 10–18, Do 13–20 Uhr, letzter Fr im Monat geschl., Lubjanskij per. 3/6, Metro: Lubjanka*

Manege **[114 B4]**
Mit 5000 m^2 ist er nicht nur der größte, sondern auch der beliebteste Ausstellungssaal der Stadt. Hier finden alljährlich die »Art-Manege« statt – auf der sich verschiedene Kunstgalerien präsentieren – und die Moskauer Fotobiennale. *Di–So*

10–20 Uhr, Maneschnaja pl. 1, Metro: Biblioteka Lenina

Matrjoschka-Museum **[117 D6]**
In der Werkstatt, in der vor über 100 Jahren die erste Puppe in der Puppe hergestellt wurde, kann man heute Matrjoschkas aller Zeiten bewundern. *Mo–Fr 11–18 Uhr, Sa bis 17 Uhr, Leontjewskij per. 7, Metro: Ochotnyj Rjad, Puschkinskaja*

Moskauer Museum für Moderne Kunst (Moskowskij musej sowremennowo iskusstwa) **[117 F4]**
Ende 1999 gründete Surab Zereteli sein Museum für Moderne Kunst, das ganz und gar nicht der von Moskauer Kunstexperten entwickelten Linie für ein solches Museum entsprach. Inzwischen hängen hier 15 000 Exponate ohne Plan. *Mo, Mi–Fr 12–20 Uhr, Sa/So 12–19 Uhr, Petrowka 25, www.tsereteli.ru, Metro: Tschechowskaja*

Museum »Die andere Kunst« (Musej »Drugoje iskusstwo«) **[117 D2]**
Wer sich für die nichtoffizielle Kunst der Sowjetunion in der Zeit des Kalten Krieges interessiert, ist hier richtig: Es hängen Werke von Oskar Rjabin, Wladimir Nemuchin, Komar & Melamid und anderen, die von 1950 bis 1970 im Verborgenen arbeiteten. *Di–Sa 10–17 Uhr, ul. Tschajanowa 15, Metro: Nowoslobodskaja, Mendelejewskaja*

Museum für angewandte Kunst und Volkskunst (Musej dekorativno-prikladnogo i narodnogo iskusstwa) **[117 E2–3]**
Dieses Museum wurde erst 1981 eröffnet, erfreut sich aber großer Beliebtheit, da hier die Exponate der russischen Volkskunst aus den verschiedenen Regionen zu sehen sind (Holzfiguren, Lackdosen, Steingut, Teppiche, Spitzentücher, Samoware, Porzellan). Für Liebhaber dieser typischen Souvenirs lohnt ein Besuch, um einen Überblick zu bekommen. Das ist gut ohne eine Führung möglich, da die Exponate für sich selbst sprechen. *Tgl. außer Fr. 10–18 Uhr, letzter Do im Monat geschl., ul. Delegatskaja 3, Metro: Zwetnoj Bulwar*

Museum der Geschichte Moskaus (Musej istorii i rekonstrukzii Moskwy) **[115 E2]**
Das Museum ist in der St.-Johannes-Evangelist-Kirche untergebracht, einem spätklassizistischen Bau aus dem Jahr 1825 mit sechssäuligem Portikus mit Dreiecksgiebel. Hier wird die Entwicklungsgeschichte der Stadt von der Gründung bis zur Gegenwart anhand von Ausgrabungen, Plänen, Modellen und Fotos gezeigt, sowie geplante Baumaßnahmen in der näheren Zukunft vorgestellt. Für Architekturinteressierte ist eine Führung unbedingt zu empfehlen. *Di, Do, Sa, So 10–18 Uhr, Mi, Fr 11–19 Uhr, letzter Fr im Monat geschl., Nowaja pl. 12, Metro: Lubjanka*

Museum für die moderne Geschichte Russlands (Musej sowremennoj istorii Rossii) **[117 D4]**
Bis zur Revolution befand sich in diesem Gebäude der Englische Club, ein exklusiver Treffpunkt für Adlige. Nach der Revolution präsentierte sich hier das Revolutionsmuseum mit einer Dokumentation

über die Geschichte der Revolution. Nun wurde es umbenannt und durch kritische Kommentare ergänzt. *Di–Sa 10–18 Uhr, So 10–16.30 Uhr, letzter Fr im Monat geschl., Twerskaja 12, Metro: Puschkinskaja*

Neue Tretjakow-Galerie **[121 E5]**
Seit 1999 sind vierzig Säle den Werken der russischen Avantgarde vorbehalten. Die Ausstellung umfasst den Zeitraum von 1910 bis zur Gegenwart. Den Arbeiten von Kasimir Malewitsch ist ein eigener Saal gewidmet, in dessen Zentrum »Das schwarze Quadrat« (1913) hängt. Die Bilder der Primitivisten N. Gontscharowa, M. Larionow, I. Maschkow und P. Kontschalowskij sind ebenso zu sehen wie K. S. Petrow-Wodkin mit seinem berühmten Bild »Das Baden des roten Pferdes« und der georgische Naive N. Pirosmani. Sechs weitere Säle präsentieren die jüngsten Werke russischer Kunst. Eine Führung ist unbedingt empfehlenswert. *Di–So 10–19.30 Uhr, Krymskij wal 10, Metro: Oktjabrskaja, Park Kultury*

Insider Tipp

Puschkin-Haus **[121 D3]**
Moskau ist der Geburtsort von Alexander Puschkin (1799–1836), der immer noch das höchste Ansehen unter den vielen russischen Dichtern genießt. Leider blieb das Haus, in dem der Dichter geboren wurde, nicht erhalten. Statt dessen richtete man 1961 in einem schönen alten Adelspalais aus dem 19. Jh. im Empirestil das Museum ein. Ausgestellt sind Möbel, Bilder und Porzellan aus der Zeit Puschkins, eine hervorragende Bibliothek, Briefe, Kopien der handschriftlichen Originale Puschkins sowie alle Ausgaben seiner Werke, die im In- und Ausland erschienen sind. Ein besonders schöner Raum ist der Onegin-Saal. *Di–So 11–19 Uhr, letzter Fr im Monat geschl., Pretschistenka 12, Metro: Kropotkinskaja*

Puschkin-Museum für bildende Künste **[121 E2]**
★ Das Puschkin-Museum für nichtrussische Kunst bildet das Pendant zur Tretjakow-Galerie, in der ausschließlich russische Kunst ausgestellt ist. 1912 wurde das Museum in einem neoklassizistischen Bau eröffnet, erhielt seine eigentliche Bedeutung jedoch erst nach 1937, als es zum 100. Todestag Puschkins umbenannt wurde.

Es beherbergt seither Werke ausgezeichneter westeuropäischer Meister aus verstaatlichtem Privatbesitz: Breughel, Cézanne, Cranach, Degas, Delacroix, El Greco, van Gogh, Manet, Matisse, Picasso, Renoir, Rembrandt, Watteau. Vor allem die Impressionisten-Sammlung gilt als eine der besten der Welt. Neben dieser westeuropäischen Kunst sind in dem Museum auch Altertümer aus Ägypten, Byzanz und Rom sowie Skulpturen ausgestellt. Regelmäßig werden Sonderausstellungen veranstaltet. Eine ständige Sonderausstellung zeigt Schliemanns Troja-Gold.

Bei Sonderausstellungen ist es nur durch geduldiges Warten möglich, ins Museum zu kommen. *Tgl. außer Mo 10–19 Uhr, ul. Wolchonka 12, Metro: Kropotkinskaja, Aleksandrowskij Sad Borowizkaja*

Romanow-Haus (Museij Palaty w Sarjadje) **[115 F4]**
Hier wurde der erste Zar der Romanow-Dynastie, Zar Michail, gebo-

Schätze im Puschkin-Museum: Kunst von Byzanz bis van Gogh

ren. Sorgfältig ist das Gebäude renoviert und gibt einen Eindruck vom Leben im 17. Jh. *Tgl. außer Di 10–18 Uhr, ul. Warwarka 10, Metro: Kitaj Gorod*

Rüstkammer im Kreml [114 B–C5]

★ Seit der Herrschaft Iwans des Schrecklichen bis ins 19. Jh. hinein war die Rüstkammer die Schatzkammer der Moskauer Herrscher. Die Präsente ausländischer Gesandter wurden hier gesammelt sowie Waffen und Schmuck hergestellt. 1851 ließ Zar Nikolaus I. dieses Museum innerhalb des Kreml errichten. Nach der Revolution konnte dann auch die Öffentlichkeit die dort gesammelten, reichen Schätze bewundern.

Das Museum gilt als eines der Bedeutendsten der Welt für prachtvolle Kutschen, Waffen, Rüstungen, Tafelgeschirr, Kronen, Gewänder. Besonders hervorzuheben sind: die »Mütze des Manomach« aus dem 13. Jh., die bis zur Zeit Peters I. Zarenkrone war; der Thron Iwans des Schrecklichen mit prächtigen Elfenbeinverzierungen aus dem 16. Jh. oder der mit 800 Diamanten geschmückte Thron des Zaren Alexej Romanow aus dem 17. Jh.

Der »Diamantenfonds« verwahrt die größten Schätze, so zum Beispiel den Orlow-Diamanten von 189,62 Karat, ein Geschenk an die Zarin Katharina II. von ihrem Liebhaber Alexej Graf Orlow.

Eine Besichtigung der Rüstkammer und des Diamantenfonds ist nicht mehr an eine Führung gebunden, doch ist die Teilnahme sicher aufschlussreich (Dauer 1 bis 1 1/2 Std.). Man bekommt einen Eindruck von dem Prunk und der Verschwendungssucht der Zaren. *Tgl. außer Do 10–17 Uhr, www.kremlin.museum.ru*

Tolstoj-Haus [120 C5]

★ Das Holzhaus mit 18 Zimmern enthält noch die Originaleinrichtung des beliebten Dichters Graf Lew Tolstoj (1828–1910), der vor allem durch seine Romane »Krieg und Frieden« und »Anna Karenina« berühmt wurde. Hier verbrachte er die Wintermonate der Jahre 1882 bis 1901 und traf sich mit seinen Schriftstellerkollegen. Die Atmosphäre der Wohnverhältnisse Ende des 19. Jhs. ist in diesem Stadthaus Tolstojs zu spüren. Das Museum wurde 1921 eröffnet, nachdem Lenin per Dekret festlegen ließ: »Im Haus ist alles so zu erhalten, wie es bisher war. Die Massen müssen wissen, wie Lew Tolstoj in den zwei Geschossen wohnte. Er hat das selbst in seinen Werken widergespiegelt.« *Tgl. außer Mo 11–17 Uhr, Okt–März So geschl., letzter Fr im Monat geschl., ul. Lwa Tolstowo 21, Metro: Park Kultury*

Tolstoj-Museum **[121 D3]**
Etwa eine halbe Stunde Fußweg entfernt vom Wohnhaus Tolstojs befindet sich das Museum – in einer klassizistischen Villa aus dem 19. Jh. – sodass man einen Besuch beider Häuser gut verbinden kann. Leben und Werk des beliebten Dichters sind in zahlreichen Dokumenten nachzuvollziehen. In dem Gebäude ist nicht nur das Museum, sondern auch die Tolstoj-Forschungsabteilung untergebracht. *Tgl. außer Mo 11–17 Uhr, Pretschistenka 11, Metro: Kropotkinskaja*

Tretjakow-Galerie **[122 A3]**
★ Nicht nur für Kunstliebhaber, auch für Russlandinteressierte ist ein Besuch in der Tretjakow-Galerie unbedingt empfehlenswert. In der Tretjakow-Galerie befindet sich die größte Sammlung russischer und sowjetischer Kunst, inzwischen an die 50 000 Exponate.

Die Grundlage für das Museum wurde 1856 geschaffen, als der reiche Kaufmann Pawel Tretjakow (1832–1898) die ersten Bilder für eine Gemäldesammlung erwarb. Er verfolgte die Idee einer Nationalgalerie und schenkte 1892 seinen umfassenden Besitz – zusammen mit der von seinem Bruder Sergej hinterlassenen Sammlung – der Stadt Moskau. Die Bilder hängte man ursprünglich im Wohnhaus der Tretjakows auf, das im Laufe der Jahre immer mehr erweitert wurde. An dieser Stelle entstand dann 1902 nach Entwürfen des Märchenmalers Viktor Wasnezow das heutige Bauwerk im altrussischen Märchenstil. Die aus mehreren Gebäuden bestehende Galerie konnte bis zum Herbst 1994 umgebaut und restauriert werden.

Die Sammlung reicht von alten russischen Ikonen aus dem 12. Jh. über die Ikonen des berühmtesten Ikonenmalers Andrej Rubljow bis zu den Werken russischer Malerei aus der Zeit vom 18. bis zum 20. Jh. Da die meisten Maler westlichen Besuchern relativ oder gänzlich unbekannt sind, hier einige Empfehlungen: Karl Brüllow (1799–1852) »Die letzten Tage von Pompeji«, Alexander Iwanow (1806–1858) »Erscheinung Christi vor dem Volke«, Wassilij Wereschtschagin (1842–1904) »Apotheose des Krieges«, Iwan Kramskoj (1837–1887) »Christus in der Wüste«, Wassilij Surikow (1848–1916) »Die Bojarin Morosowa«, eines der bekanntesten Bilder der Galerie.

Weiterhin sind sehenswert der Marinemaler Iwan Aiwasowskij (1817–1909) »Seeküste«, Wassilij Perow (1833–1882), die Bilder Valentin Serows (1865–1911), Michail Wrubels (1856–1910), Isaak Lewitans (1860–1900) und schließlich die Bilder des als bedeutendster russischer Maler des 19. Jhs. geltenden Ilja Repin (1844–1930).

Eine Führung durch die Galerie lohnt sich und ist wirklich empfehlenswert! *Tgl. außer Mo 10–19.30 Uhr, Lawruschinskij per. 10–12, Metro: Tretjakowskaja, Nowokusnezkaja*

Tschechow-Haus **[116 C5]**
In diesem Ziegelhaus lebte von 1886 bis 1890 der Arzt und Schriftsteller Anton Tschechow, der 1904 im Alter von nur 44 Jahren starb.

Außer den im Original erhaltenen Räumen findet man hier Interessantes zum Werk des bei uns vor allem durch seine Theaterstücke »Drei Schwestern«, »Onkel Wanja« und »Die Möwe« bekannt gewordenen Schriftstellers. *Di, Do, Sa, So 11–16 Uhr, Mi, Fr, 14–18 Uhr, letzter Tag im Monat geschl., ul. Sadowaja-Kudrinskaja 6, Metro: Barrikadnaja, Krasnopresnenskaja*

Wasnezow-Museum **[118 A2]**
Von 1894 bis 1926 lebte in diesem Holzhaus der Märchenmaler Viktor Wasnezow. Das Haus hatte er sich im Stil einer russischen Isba (eines Dorfhauses aus Holz) bauen lassen, und bis heute ist es noch so erhalten. Zudem kann man hier Originalzeichnungen des Malers betrachten. *Tgl. außer Mo und Di 10–17 Uhr, per. Wasnezowa 13, Metro: Sucharewskaja, Prospekt Mira*

Zentralhaus des Künstlers (Zentralnyj dom chudoschnika, ZDCH) **[121 E5]**
Vorgesehen für verschiedene Wechselausstellungen sowohl in- als auch ausländischer Künstler. Im Obergeschoss rechts befindet sich die Neue Tretjakow-Galerie. *Tgl. außer Mo und Di 10–19 Uhr, Krymskaja Nabereschnaja 14/10 oder Krymskij wal 10, www.cha.ru, Metro: Oktjabrskaja, Park Kultury*

Zentralmuseum des Großen Vaterländischen Krieges 1941–45 **[U B3]**
Das Museum liegt im 9 ha großen Park des Sieges und wurde zum 50. Jahrestag des Sieges im Zweiten Weltkrieg eröffnet. Drei Säle dokumentieren das Leiden dieses Krieges. In dem Park befinden sich weiterhin eine Kirche, eine Moschee und eine Synagoge, um der Opfer zu gedenken, die der Vielvölkerstaat Sowjetunion verlor. Die Wasserfontänen vor dem Museum sind abends rot beleuchtet und symbolisieren das Blut, das im Krieg floss. *Di–So 10–17 Uhr, letzter Do im Monat geschl., Bratjew Fontschenko 10, Metro: Kutusowskaja*

Zwetajewa-Museum **[120 C1]**
In diesem Haus lebte die große russische Lyrikerin Marina Zwetajewa (1892–1941) von 1914 bis 1922. Nach der Revolution requirierte die Regierung das Domizil, der Familie Zwetajewa blieben nur zwei Zimmer. Eine schwere Zeit bis zur Emigration 1922 – davon zeugen Versdramen, Gedichte und Tagebuchprosa. Das Haus wurde später nach Fotos und Erinnerungen von Zwetajewas Schwester Anastassija so hergerichtet, wie es war, als Marina Zwetajewa hier lebte. Nicht nur ihr Leben wird in diesem Museum dokumentiert, es finden auch Literatur- und Musikabende statt. *Mi und Do 12–17 Uhr, Borisoglebskij per. 6, Metro: Arbatskaja*

Sushi, Kaviar oder Borschtsch?

Die Moskauer Restaurantszene ist international geworden: Alles ist möglich, aber die Preise sind hoch

Noch vor zehn Jahren war Moskau eine Stadt, in der es schwer war, einen guten Kaffee zu bekommen, an Cappuccino wagte man gar nicht zu denken. Nun haben an allen Ecken der Stadt kleine Cafés geöffnet.

Ob im *Restoran*, im *Kafe*, in einer *Kafeterija*, in einem der Restaurants westlicher Prägung wie dem *Fridays*, dem *Le Chalet* oder in den eleganten Restaurants der großen Hotels: Bezahlt wird immer mit Rubeln. Wenn die Preise in den Speisekarten in Dollar oder Units angegeben sind, wird umgerechnet. Die meisten Restaurants nehmen auch Kreditkarten an. Die Preise haben angezogen und übertreffen in einigen Lokalen sogar westliches Niveau, d. h. man kann pro Person durchaus 100 Euro für ein Menü bezahlen. Jedoch eröffneten in den letzten Jahren immer mehr kleine Restaurants, in denen man viele Moskauer trifft und nicht nur die »Nouveaux Riches«, die die extrem teuren Gourmettempel vorziehen. Hinter der Bezeichnung *Kafe* oder *Kafeterija* verbergen sich meist einfachere Restaurants. Außer diesen gibt es noch kleinere Imbissstuben, die sich auf ein Gericht spezialisiert haben: *schaschlik*, *pelmeni* (gefüllte Teigtaschen oder sibirische Ravioli, die Sie unbedingt probieren sollten!) und *bliny* (kleine Buchweizenpfannkuchen). Zwei neue russische Restaurantketten, *Russkoje Bistro* und *Jolki-Palki*, bieten diese Spezialitäten überall in der Stadt zu günstigen Preisen an. Sie versuchen, McDonald's auf russische Art Konkurrenz zu machen.

Das Restaurant Grand Imperial hat mit Gerichten nach alten Rezepten schon viele Preise gewonnen

Gemäß dem russischen Sprichwort »Grütze kannst du dir mit Butter nicht verderben« ist die typisch russische Küche recht kräftig, immer zu reichlich und zu fett. Das fängt schon mit dem Frühstück an. Kein russischer Morgen beginnt ohne etwas Warmes, Brot ist lediglich Beigabe. Eine Hauptmahlzeit besteht aus drei bis vier Gängen. Zu jedem Gang wird wieder Brot gereicht. Eine Besonderheit und unbedingt überall empfehlenswert sind die *sakuski*, die Vorspeisen. Die traditionelle russische Küche ist außerdem berühmt für ihre Suppen, die früher mit dem Holzlöffel gegessen wurden.

Nicht nur in Übersee: Kringelbrot satt im Canadian Bagel

Die Russen sind sehr gastfreundlich, und es gibt keine Einladung zum Abendessen, bei der sich der Tisch nicht biegt unter den zu tragenden Lasten. Es gelingt ihnen immer wieder, für ihre Gäste das Leckerste und Köstlichste auf den Tisch zu zaubern. Dabei fließt reichlich Wodka. Am besten übersteht man so einen Abend, indem man zum Wodka lediglich Saft oder Mineralwasser trinkt. Die Russen trinken aber auch gerne *wino* (Wein), *schampanskoje* (Sekt) oder *piwo* (Bier) zum Essen.

Bedienten früher die meisten Restaurants nur von 11 bis 23 Uhr ihre Gäste, sind heute viele bis in den frühen Morgen geöffnet.

CAFÉS

Aldebaran **[121 F3]**
Gegenüber der Tretjakow-Galerie liegt dieses altmodische Café, als ob es schon 100 Jahre so dort stünde. Cappuccino und Espresso sind günstig, der Jasmintee köstlich und die Haustorte »Aldebaran« gigantisch! *Mo–Fr 10–24 Uhr, Sa/So ab 11 Uhr, Tolmatschewskij per. 4, Metro: Tretjakowskaja*

Amadeus-Café **[120 A3]**
Wer Appetit auf frischen knackigen Salat hat, ist hier richtig. Kleine Snacks und leckere Kuchen ergänzen das Angebot. Dieses Café im Hotel Radisson Slawjanskaja ist von 7 bis 23.30 Uhr geöffnet. Bezahlen können Sie nur mit Kreditkarte. *Berschkowskaja nab. 2, Metro: Kiewskaja*

Baskin Robbins **[121 D2]** Insider Tipp
Dreißig verschiedene Eissorten und Eistorten können Sie sich hier zur Cola oder zum Kaffee/Tee bestellen. *Tgl. 10–22 Uhr, Arbat 20, Metro: Arbatskaja*

Café Kranzler **[115 E6]** Insider Tipp
Wie im Wiener Kaffeehaus: leise Musik, großes Kuchenbüfett, Zeitungen, bester Kaffee, Salate und kleine Gerichte. Gepolsterte Bänke,

Gründerzeitsofas und roter Samt vor den Fenstern schaffen authentische Kaffeehausatmosphäre. Im Hotel Baltschug gelegen. *Tgl. 10 bis 23 Uhr, ul. Baltschug 1, Metro: Nowokusnezkaja*

Café im Oblomow **[122 A5]**
Im Kaffeehaus dieses Restaurants sitzt man wie in einer Wohnstube aus dem 19. Jh. 20 Sorten Kaffee und Tee sind im Angebot sowie köstliches Gebäck. *Tgl. 12–24 Uhr, 1. Monetschikowski per. 5, Metro: Dobryninskaja*

Café Pyramide **[117 E4]**
Treffpunkt für die hippen jungen Russen, die genügend Geld haben. Glas und Metall, umgeben von Pflanzen, Kaffeeduft und lauter Musik. Oft finden im Café Pyramide DJ-Abende und Modeschauen statt. *Tgl. 9–5 Uhr, Twerskaja 18, Metro: Puschkinskaja*

Canadian Bagel **[117 D3]**
18 verschiedene Sorten Bagels: mit Mohn oder Knoblauch, Fisch oder Käse. *Tgl. 10–20 Uhr, Twerskaja 27, Metro: Majakowskaja*

Coffee Bean
Das Nichtraucher-Eldorado: Hier darf nicht geraucht werden, der Kaffee ist trotzdem gut, und dazu gibt es große und kleine Torten. Dezente Musik spielt im Hintergrund. Richtig schöne Kaffeehausatmosphäre. **[117 E5]** *Mo–Fr 8–23 Uhr, Sa/So ab 9 Uhr, Twerskaja 10 (im alten Hotel Lux), Metro: Puschkinskaja, Twerskaja und:* **[118 C6]** *Mo–Fr 8–22 Uhr, Sa bis 23 Uhr, So ab 9 Uhr, Pokrowka 17, Metro: Tschistyje Prudy*

MARCO POLO Highlights »Essen & Trinken«

★ **Pirosmani**
Georgische Küche in rustikalem Ambiente (Seite 59)

★ **Russkaja Isba**
Landgasthof außerhalb der Stadt (Seite 59)

★ **Dom Literatow**
Nicht nur für Dichter. Gute russische Küche in wunderschönem Raum (Seite 58)

★ **Carmel**
Jüdische Küche, alles koscher, israelische Weine und abends Livemusik (Seite 58)

★ **Metropol**
Der schönste Speisesaal Moskaus erstrahlt im Jugendstilambiente (Seite 58)

★ **Kafe Puschkin**
Pelmeni, Piroggen oder Tee in einer Atmosphäre wie zu Zeiten Puschkins (Seite 58)

★ **Schury-Mury**
Einfache, aber gute russische Küche in Bierstuben-Atmosphäre (Seite 63)

Die Gourmettempel von Moskau

Club T **[116 C4]**
Klassisch französische Küche und eine riesige Weinkarte. Dazu ein wahrhaft festliches Ambiente: Kronleuchter, Kerzen, Spiegel und alles in einem warmen Goldgelbton. Menü pro Person über 150 Euro. *Tgl. 12–24 Uhr, ul. Krasina 21, Tel. 232 27 78/9, Metro: Majakowskaja*

Grand Imperial **[121 D3]**
Das Restaurant versucht die vorrevolutionären Zeiten mit russischen Gerichten nach alten Rezepten wieder zu beleben. Dazu werden vorzügliche französische Weine gereicht. Schon die kleine Villa mit der eleganten schwarzweißen Einrichtung ist etwas Besonderes. Menü pro Person über 150 Euro. *Tgl. 12–23 Uhr, Gagarinskij per. 9/5, Tel. 291 60 63, Metro: Kropotkinskaja*

Eldorado **[121 F3]**
Die Zutaten lässt der französische Chefkoch täglich aus Westeuropa und Japan einfliegen. So sind im Angebot: bester spanischer Schinken, französische Gänseleber, Schweinerippchen aus Deutschland, und der Fisch für das köstliche Sushi kommt aus Japan. Das alles in italienischem Ambiente. Menü pro Person über 150 Euro. *Tgl. 12–24 Uhr, ul. Bolschaja Poljanka 1/3, Tel. 238 86 11, Metro: Poljanka*

Le Duc **[U B3]**
Ungewöhnliches Ambiente: Man sitzt bei Klaviermusik in einer nachgebauten Kathedrale, ein Brunnen plätschert. Totaler Kitsch, aber es wird beste französische Küche mit exzellenten Weinen serviert. Menü pro Person über 100 Euro. *Tgl. 12–24 Uhr, Ul. 1905 goda 2, Tel. 255 03 90, Metro: Barrikadnaja*

Le Chalet **[121 D4]**
Französisch-schweizerische Küche und beste Weine werden hier offeriert. Köstliche Fonduespezialitäten, mittags Businesslunch. Menü für eine Person über 150 Euro. *Tgl. 11.30–24 Uhr, Korobejnikow per. 1/2, Tel. 202 01 06, 202 26 11, Metro: Park Kultury*

Insider Tipp **Margarita** **[117 D5]**
Kleines, sehr einfach eingerichtetes Café, in dem es hervorragende Kuchen gibt, außerdem türkischen Mokka und Tee. Auch gute kleine Gerichte bereitet die Küche des Cafés zu, besonders die Pilze sind zu empfehlen. Im Sommer stehen zwei bis drei Tische auf dem Bürgersteig vor dem Café. Das Café liegt an den Patriarchenteichen, wo Michail Bulgakows Kultroman »Der Meister und Margarita« beginnt. *Tgl. 13–24 Uhr, Ecke Malaja Bronnaja 28, Malyj Kozichinskij per., Metro: Majakowskaja*

Schokoladniza **[121 E6]**
Lange Zeit war dieses Café noch ein Überbleibsel der Sowjetära. Nun wurde – voll im Trend – eine Kette daraus: nicht so modern wie die an-

deren Ketten, aber gutes Angebot an Kaffee und Snacks. *Tgl. 12 bis 22.30 Uhr, Krymskij wal 2/4, Metro: Oktjabrskaja*

RESTAURANTS €€€

Crab House **[117 E6]**
Fisch und Meeresfrüchte in gestyltem Ambiente. Das Restaurant auf zwei Ebenen ist einer modernen Yacht nachempfunden, die Kellner sind wie Schiffsjungen gekleidet, die exotischen Fische in den Aquarien sorgen für die richtige Atmosphäre und auf Eis lagern die Lobster, Garnelen und Krebse. Natürlich gibt es auch eine Sushibar. *Tgl. 12–24 Uhr, Twerskaja 6, Tel. 292 53 59, 292 53 60, Metro: Ochotnyj Rjad*

Le Gastronome **[116 C6]**
Sicher eines der schönsten Restaurants in Moskau: Im Stalin-Hochhaus zwischen Weißem Haus und Zoo wurde die ehemalige Fischhalle zum Restaurant umgebaut. Der Geruch ist verschwunden, der Pomp geblieben. Marmorsäulen mit weißen und goldenen Kapitellen lenken den Blick auf die Kassettendecke. An den Wänden roter Marmor, Kronleuchter und riesige Fenster und auch die Küche ist nicht schlecht: Pasta-Vielfalt und Vegetarisches. *Tgl. 12–1 Uhr, Kudrinskaja pl. 1, Tel. 255 44 33, Metro: Barrikadnaja, Krasnopresnenskaja*

Sapporo **[118 B3]**
Das größte japanische Restaurant in Russland auf mehreren Etagen. Hier kann man auch Séparées für Privatfeiern mieten. Sushi, Sashimi und was es sonst noch alles beim Japaner gibt: täglich frisch. *Tgl. 12–16, 18–23 Uhr, Prospekt Mira 14, Tel. 207 82 53, Metro: Sucharewskaja*

Gotische Pracht und gute russische Küche im Haus der Schriftsteller

Zurück ins 19. Jh.: Lunch oder Tee im Kafe Puschkin

RESTAURANTS €€

Carmel [116 C3]

★ Gefüllter Fisch, Jerusalemer Suppe, Schaschlik – und alles wird koscher zubereitet. Dazu werden gute israelische Weine angeboten. Ab 20 Uhr Livemusik. Extra-VIP- und Extra-Zigarren-Raum. *Tgl. 12–24 Uhr, Twerskaja-Jamskaja ul. 7, Tel. 200 57 63, Metro: Majakowskaja*

Insider Tipp **Dom Literatow (ZDL) (Haus der Schriftsteller)** [116 C6]

★ Gute russische und italienische Küche im gotischen holzgetäfelten Ambiente. In der Sowjetzeit hatten nur Schriftsteller – oder wer in ihrer Begleitung kam – das Privileg, hier zu essen.

In dem historischen Gebäude ließ Leo Tolstoj einige Episoden seines Romans »Krieg und Frieden« spielen, auch in Michail Bulgakows »Meister und Margarita« wird das Restaurant verewigt. *Tgl. 12–24 Uhr, Powarskaja ul. 50, Tel. 291 15 15, Metro: Barrikadnaja*

Kafe Puschkin [117 E5]

★ Ob Businesslunch, ein gemütliches Abendessen oder auch nur ein Tee zwischendurch: Für alles ist das zweigeschossige Kafe Puschkin mit seiner Atmosphäre des 19. Jhs. bestens geeignet. Besonders gut schmecken die *pelmeni* und die kleinen *piroggen* mit verschiedenen Füllungen. *Tgl. 24 Stunden geöffnet, obere Etage 12–24 Uhr, Twerskoj bl. 26a, Tel. 229 55 90, 229 94 11, Metro: Puschinskaja*

Krasnaja Ploschadj (Roter Platz) [114 C3]

Im Historischen Museum kann man historische Menüs aus dem 19. Jh. ordern. Guter Businesslunch. Abends Livejazzmusik in der angeschlossenen Bar. *Tgl. 12–24 Uhr, Krasnaja pl. 1, Tel. 925 36 00, 292 11 96, Metro: Ploschtschad Rewoljuzii, Ochotnyj Rjad*

Metropol [115 D2]

★ Das Restaurant des gleichnamigen Hotels serviert im großen Kuppelsaal. Hier spannt sich honigfarbenes Tiffany-Glas über kostbare Antiquitäten. Das Jugendstilambiente des Festsaales ist allerdings viel ansprechender als das Essen. *Tgl. 12–14 und 16–23 Uhr, Teatralnyj Projesd 1/4, Tel. 927 60 00, Metro: Teatralnaja*

Panorama **[120 B3]**

Im 22. Stock des Golden Ring Hotels macht das Restaurant seinem Namen alle Ehre. Der Blick über Moskau ist phantastisch. *Tgl. 18–24 Uhr, Smolenskaja pl. 5, Tel. 725 01 95, Metro: Smolenskaja*

Pirosmani **[U B4]**

★ Rustikal-ländliche Atmosphäre und original georgische Speisen, sehr frisch und gut, aber auch nicht billig. Zudem hat man tagsüber einen schönen Blick auf das Neujungfrauenkloster. *Tgl. 13–22 Uhr, Nowodewitschi pr. 4, Tel. 247 19 26, Metro: Sportiwnaja*

Pjanjan **[118 B3]**

Nordkoreanisches Restaurant mit koreanischen Spezialitäten (die Zutaten werden täglich aus Korea eingeflogen) und mit der in asiatischen Restaurants üblichen ruhigen, stilvollen Atmosphäre und Einrichtung. Ein Bankettraum für ungefähr 20 Personen steht zur Verfügung. Gut sortiertes Alkoholangebot. Speisekarte in Russisch und Englisch. Vorbestellung erwünscht. *Tgl. 13–16.30 und 18–23 Uhr, ul. Sretenka 23/25, Tel. 208 06 54, Metro: Sucharewskaja*

Praga **[121 D1]**

Mit seinen zahlreichen Sälen, verteilt auf mehrere Stockwerke, ist dieses über 100 Jahre alte Traditionshaus bei den Moskauern sehr beliebt. Am schönsten: der Spiegelsaal im 3. Stock. Der Wintergarten unter dem Dach ist eine besondere Attraktion. Serviert wird eine Mischung aus gehobener internationaler und russischer Küche. *Tgl. 12–24 Uhr, ul. Arbat 2, Tel. 290 61 71, 291 41 85, Metro: Arbatskaja*

Russkaja Isba **[U B4]**

★ In Iljinskoje, nördlich von Moskau, liegt am Ufer der Moskwa dieser Landgasthof, ein zweistöckiges, typisch russisches Holzhaus. Das Erdgeschoss bietet Essen mit Musik, oben kann man eher zurückgezogen speisen. Im Herbst schmackhafte Pilzgerichte, sonst sehr zu empfehlen: Hering. *Tgl. 12–22 Uhr, Tel. 561 42 44. Das Dorf Iljinskoje ist nur per Taxi zu erreichen*

Russkij Sal **[122 A3]**

Hillary Clinton ließ es sich hier schmecken und Michail Gorbatschow auch. Dieses typisch russische Restaurant liegt im Hof der Tretjakow-Galerie in einem Häuschen aus dem 17. Jh. Die Fisch-Soljanka ist ausgezeichnet. Auch die Bliny mit Räucherlachs sind exzellent. *Tgl. 12–24 Uhr, Tretjakow-Galerie, Lawruschinskij per. 2, Tel. 233 18 29, Metro: Tretjakowskaja*

Schinok **[U B3]**

Das Moskauer Lieblingsrestaurant von Catherine Deneuve wurde einer ukrainischen Dorfkneipe nachempfunden: mit Ziege und Pferd im Hof und Originalborschtsch, Wurst oder Speck und Karpfen auf dem Teller. Sehr stylish, aber nicht so billig! *Tgl. 24 Std., ul. 1905 goda 2, Tel. 255 02 04, Metro: Ul. 1905 goda*

Russische Spezialitäten

Lassen Sie sich diese Köstlichkeiten gut schmecken!

Befstroganow – geschnetzeltes Rindfleisch mit Champignons, Zwiebeln, eventuell auch Gewürzgurken und Roter Beete.

Bliny – dünne Pfannkuchen, eigentlich aus Buchweizenmehl. Am beliebtesten mit Kaviar, rot oder schwarz.

Borschtsch – Suppe aus Roter Beete, Kartoffeln, Sauerkraut und Rindfleisch. Ein Löffel Smetana (Schmand) darf nicht fehlen.

Kotlety – das sind nicht Koteletts, sondern längliche Frikadellen aus Hackfleisch.

Pelmeni – eine Art Ravioli, traditionell gefüllt mit drei Sorten Fleisch, es gibt sie aber auch mit Lachs. Und dazu unbedingt Smetana.

Piroschki – kleine Teigtaschen gefüllt mit Kohl, Fleisch, Pilzen oder Fisch. Sie werden bevorzugt zur Suppe gegessen.

Plow – eines der bekanntesten Gerichte, die über die mittelasiatische Küche in die russischen Restaurants Einzug hielten: Lammfleisch, Reis, Zwiebeln, Karotten, Kartoffeln, Rosinen, Aprikosen und rote Paprika werden als Eintopf zusammen gebraten/gekocht.

Sakuski – kalte und warme Vorspeisen (Sakuski) haben eine lange Tradition in der russischen Küche: Ohne Sakuski kein russisches Essen. Meist stehen schon kalte Sakuski bereit: verschiedene Salate, Kaviar, aufgeschnittener Fisch oder Braten und eingelegtes Gemüse.

Schtschi – über 80 verschiedene Zubereitungsarten der Kohlsuppe gibt es. Die Grundzutaten sind jedoch immer gleich: Sauerkraut, Fleisch, Pilze, Gemüse und Smetana.

Soljanka – eine dicke Eintopfsuppe aus Fleisch oder Fisch, marinierten Pilzen, Gemüse, Salzgurken, Oliven, Kapern, Kräutern und Smetana.

Ucha – die älteste der russischen Suppen, die schon im 12.Jh. in der Literatur erwähnt wurde: aus mehreren Fischarten zubereitet, wird sie in verschiedenen Variationen gereicht.

Zipljata Tabaka – ein Rezept aus der georgischen Küche: Ein gebratenes, flach geklopftes Hähnchen, das mit einer Paste aus Knoblauch, Walnüssen und Gewürzen bestrichen wird.

Insider Tipp **Tiflis** [121 D3]
Mit Wein berankte Veranden und Balkone, wo georgischer Wein mit georgischen Gerichten serviert wird. *Tgl. 12–24 Uhr, Ostoschenka 32, Tel. 290 28 97, Metro: Kropotkinskaja, Park Kultury*

Usbekistan [117 F5]
Traditionelle usbekische Küche im renovierten Traditionslokal: Seide, Samt und Damast herrschen vor. Dazu eine verfeinerte Küche mit höheren Preisen. Spezialitäten sind *plow* (ein georgischer Reistopf) und Schaschlik sowie Weine aus Usbekistan. *Tgl. 12–24 Uhr, ul. Neglinnaja, 29, Tel. 923 05 85, Metro: Kusnezkij Most, Teatralnaja*

RESTAURANTS €

Bavarius [117 D3]
Für alle Bayernfans: Der größte Biergarten der Stadt in einem Innenhof. Das Bier fließt in Strömen, dazu gibt es Salate, Rippchen, Schweinekotelett und Eisbein. *Tgl. 12–24 Uhr, Sadowo-Triumfalnaja ul. 2/30, Tel. 299 42 11, Metro: Majakowskaja*

B. B. King [117 F3]
Westliche Küche von einem österreichischen Küchenchef, entspannte Atmosphäre und am Abend Livebluesmusik. *So–Do 12–2, Fr, Sa 12–5 Uhr, Sadowaja-Samotetschnaja 4/2, Tel. 299 82 06, Metro: Zwetnoj Bulwar*

Café des Artistes [114 B1]
Kein Café, sondern ein sehr schönes Restaurant mit wechselnden Kunstausstellungen an den Wänden in Moskaus neuer Fußgängerzone (in der ein Restaurant neben dem nächsten liegt). Auf der Terrasse sitzt man unter Sonnenschirmen in Korbstühlen. Lecker die Spinatcremesuppe! *Tgl. 11–1 Uhr, Kamergerskij per. 5/6, Tel. 292 40 42, www.artistico.ru, Metro: Ochotnyj Rjad*

Djadja Wanja (Onkel Wanja) [117 E5] Insider Tipp
Durch dunkel getäfelte Barräume gelangt man in das kleine Restaurant. Besonders lecker schmecken die Bliny mit Kaviar. Nach einer durchzechten Nacht kann man hier schon ab 5 Uhr frühstücken. *Rund um die Uhr geöffnet, Bolschaja Dmitrowskaja ul. 17, Tel. 232 14 48, Metro: Tschechowskaja*

Federalnaja Trassa E-95 [U B1]
An der Fernstraße Petersburg–Moskau liegt das Restaurant und trägt auch ihren Namen. Fast alle essen hier Schaschlik, dazu Bier oder Wodka. Es ist immer voll! *Tgl. 12–24 Uhr, Leningradskij pr. 62, Tel. 152 48 52, Metro: Aeroport*

T. G. I. Friday's [117 E4]
Die amerikanische Kette im rustikalen Design, dazu Steaks, Frites und knackige Salate. Junges Publikum aus der benachbarten Disko. *Tgl. 12–1 Uhr, Nastasinskij per. 2 Ecke Twerskaja 18/2, Tel. 200 39 21, Metro: Puschkinskaja*

Il Pomodoro [118 B4]
Wie man sich einen gemütlichen Italiener vorstellt: rotweiß karierte Tischtücher, weiß gekalkte Wände, dunkle Holzstühle und dazu natürlich auch ausgezeichnete Pasta. *Tgl. 12–23 Uhr, Bolsoj Golowin per. 5, Tel. 924 29 31, Metro: Sucharewskaja*

Insider Tipp **Jolki-Palki** [117 E4]
Man nimmt sich eine Schüssel packt darauf, was einem schmeckt: Hühner-, Rind- oder Schweinefleisch, dazu Tomaten, Pilze, Gurken, Möhren und/oder Kräuter, übergibt es einem der Köche, die es braten, bezahlt und sucht sich einen Platz. Es geht schnell, schmeckt gut und ist preiswert. *Tgl. 11–5 Uhr, Twerskaja 18 a, Tel. 200 39 20, Metro: Puschkinskaja*

Juggernaut Express [117 F5]
Restaurant und großer Shop mit vegetarischen und asiatischen Lebensmitteln. An der großen Salatbar können Sie sich für 6 Euro einen opulenten Teller zusammenstellen. Auch viele asiatische Gerichte im Angebot. Alles vegetarisch. *Tgl. 24 Stunden, Kusnezkij Most 11, Tel. 928 35 80, Metro: Kusnezkij Most*

Insider Tipp **Klubrestaurant MCHAT** [114 B1]
Im Moskauer Künstlertheater (MCHAT) wird vom Ensemble ein Restaurant betrieben. Bar, Billardtische und ein kleiner, gemütlicher Essraum laden nach und vor dem Theater zum Besuch ein. *Tgl. 12–5 Uhr, Kamergerskij per. 3, Tel. 229 19 73, Metro: Teatralnaja, Kusnezkij Most*

Insider Tipp **Mama Soja** [121 D3]
Sehr gute georgische Küche zu vernünftigen Preisen. Hier sitzt man unter Künstlern und Theaterleuten der Moskauer Szene, dazu spielt angenehme Gypsy-Music. *Tgl. 11 bis 22 Uhr, Setschenowskij per. 8, Tel. 201 77 43, Metro: Kropotkinskaja.* Ein zweites »Mama Soja« hat auf einem Schiff auf der Moskwa eröffnet und erfreut sich inzwischen sogar noch größerer Beliebtheit. [120 C6] Mit großer Außenterrasse. *Tgl. 12–23 Uhr, Frunsenskaja nab. 16 D, Tel. 242 85 50, Metro: Park Kultury*

Mu-Mu [120 C2]
Im urigen Kuhdekor essen Sie preiswert und gut. Natürlich gibt es viele Milchprodukte wie Kefir und Milchmixgetränke, aber Sie bekommen auch gute Salate, Borschtsch, Schaschlik und Kotlety. Selbstbedienung. *Tgl. 10–23 Uhr, Arbat 45/24, Tel. 241 13 64, Metro: Smolenskaja*

Peljmeschka [117 F5]
Kleines Selbstbedienungsrestaurant: Alles lachsfarben, sehr sauber, beim Essen können Sie Videoclips sehen. Nicht nur Pelmenis, wie der Name verspricht, sondern auch andere typische russische Gerichte. *Tgl. 11–24 Uhr, Kusnezkij Most 4/3, Tel. 292 83 92, Metro: Ochotnyj Rjad*

Petrowitsch [118 B5] Insider Tipp
Der Karikaturist Andrej Bilscho eröffnete dieses Clubrestaurant (eigentlich nur für Mitglieder, das wird aber nicht so eng gesehen!). An den Wänden hängen neben seinen Karikaturen Sowjet-Nostalgie-Objekte. Gerichte von europäisch bis russisch, alles zu normalen Preisen. Allerdings: Wer hier essen geht, muss gut Russisch sprechen, denn die Speisekarte ist nur auf Russisch und äußerst kompliziert! *Tgl. 18–5 Uhr, ul. Mjasnizkaja 24, Geb. 3, im Hinterhof, Tel. 923 00 82, Metro: Tschistyje Prudy, Turgenjewskaja*

Pizza Express [120 B2]
Leckere Pizza, knackige Salate und dazu Jazzmusik. Außerdem eine

gute Frühstückskarte. Modernes Ambiente. *Mo–Fr 10–24 Uhr, Sa/So ab 11 Uhr, Smolenskaja pl. 3 (in der Smolenskij Passasch), Tel. 937 82 61, Metro: Smolenskaja*

Pizzeria **[118 A5]**
Der Name täuscht. Es gibt hier auch die köstliche Pizza Napolitana, doch ansonsten alle möglichen kleinen Snacks zu günstigen Preisen. *Tgl. 10–24 Uhr, ul. Roschdestwenka 6/9, Tel. 928 15 76, Metro: Kusnezkij Most*

Russkoje Bistro
Schnellrestaurants, doch statt Burger gibt es Piroggen, Salate, Borschtsch, Schtschi, Kwas (Erfrischungsgetränk aus gegorenem Brot) und Wodka. *Mo–Fr 9–23 Uhr, Sa/So ab 10 Uhr,* **[122 B1]** *ul. Warwarka 14, Metro: Kitaj Gorod,* **[117 E5]**, *ul. Twerskaja 19, Metro: Puschkinskaja (und an vielen anderen Plätzen der Stadt)*

Schaschlitschnaja **[117 D6]**
Nicht nur Schaschlik, sondern auch andere kleine georgische Spezialitäten gibt es im Restaurant zu sehr günstigen Preisen. *Tgl. 9–22 Uhr, Kalschnyj per. 9, Metro: Puschkinskaja, Arbatskaja*

Schury-Mury **[117 F5]**
★ Zu Deutsch bedeutet der Name des Lokals Techtelmechtel – und entsprechend intim ist auch die Atmosphäre dieser russischen Bierstube mitten in Moskau. Auf der Empore stehen nur Zweiertische, unten kann man zu viert oder sechst die Hausmannskost genießen. Birken im Fenster, Herzen überall, die Kellnerinnen sind wie Fliegenpilze gekleidet. Ein bisschen kitschig ist es schon, dafür aber gut und preiswert. *Tgl. 11–23 Uhr, ul. Petrowka 15/13, Tel. 928 08 12, 929 87 55, Metro: Tschechowskaja; tgl. 12–24 Uhr.* Usbekisches Flair herrscht in der Dependance beim Weißrussischen Bahnhof. **[116 C3]** *ul. 2 Brestskaja 52, Tel. 250 49 14, Metro: Belorusskaja*

Shanghai **[120 C2]**
Kleine, familiäre und preiswerte Oase mit normaler chinesischer Küche. Hier finden Sie ein wenig Ruhe in der turbulenten Fußgängerzone. *Tgl. 11–24 Uhr, Arbat 24, Tel. 8 903 621 17 73 (nur Handy-Verbindung), Metro: Arbatskaja*

Stanislawskowo **[117 E6]**
Sehr kleines, gemütliches, ganz in Blauweiß gehaltenes Restaurant im Zentrum, geführt von einem drei Generationen umfassenden Frauenteam. Durch viel weiße Spitze und Kerzenlicht bei klassischer Musik entsteht gediegene Atmosphäre. Die Küche ist europäisch mit vielen griechischen Gerichten. Besondere Delikatesse: die polnischen Süßigkeiten. Unbedingt reservieren. Ab 18.01 Uhr ist alles besetzt! *Tgl. außer Mo 18–2 Uhr, Bol. Nikitskaja ul. 26/2, Tel. 291 86 89, Metro: Arbatskaja, Puschkinskaja*

Uliza O.G.I. **[117 F4]**
Gute Frühstückskarte, doch auch die Tageskarte ist nicht schlecht. Unverputzte weiße Wände und eine kühle weiße Einrichtung, auf der 1. Etage eine Galerie. *Tgl. 8 bis 24 Uhr, ul. Petrowka 26, durch den Torbogen von Haus Nr. 26 im Hinterhof, das metallbeschlagene Gebäude (Eingang 8), Tel. 200 68 73, Metro: Tschechowskaja*

ЧАСЫ

Edles in Passagen und Palästen

Moskau entwickelt sich langsam zum Einkaufsdorado, vor allem für Luxuswaren

Wer Moskau vor vielen oder auch vor ein paar Jahren gekannt hat, erkennt es nun kaum wieder. Moskau ist zu einem einzigen, riesigen Basar geworden. Es scheint, als ob die ganze Stadt Handel treibe. An den Metrozugängen und Straßenunterführungen gibt es von Zigaretten über Haarspangen und CDs bis hin zum BH wirklich alles, Hauptsache aus dem Westen, so scheint es, wenn man sich das Angebot ansieht. Überall stehen Bücherstände, die zum Teil schön gestaltete Bildbände und – für Sprachkundige interessant – neue russische Belletristik anbieten.

Im GUM, der Petrowskij Passasch und der Galerie unter dem Manegeplatz zeigen nun vor allem westliche Designer ihre Labels. Zur Nobelmeile wurde der Tretjakowskij projesd mit Prada, Armani und anderen. Wer aber denkt, er könne in Moskau ein Schnäppchen machen, der irrt. Alles ist mindestens ebenso teuer wie im Westen. Neu ist, dass es nun Secondhandshops in der Stadt gibt. Es lohnt sich vorbeizuschauen. Bezahlt werden muss alles in Rubeln, auch wenn

1993 wurde 100-jähriges Jubiläum gefeiert: Kaufpalast GUM

Mode für Russlands »Nouveaux Riches«

die Preise in einigen Geschäften in Dollar oder Units angegeben sind. Wechselstuben gibt es überall. Besonders in der Innenstadt finden Sie EC-Automaten, deren Gebühren unseren hiesigen entsprechen.

Sollten Sie sich in das Moskauer Einkaufsgetümmel wagen, so sind besonders – allein schon wegen der interessanten Architektur – das berühmte Kaufhaus GUM am Roten Platz, die Straßen hinter dem Bolschoitheater, Kusnezkij Most, Petrowka, natürlich die Twerskaja, der Nowyj Arbat und die Fußgängerzone Arbat zu empfehlen.

In nicht westlichen Läden geht ein Einkauf folgendermaßen vonstatten: Erst erfährt man den Preis der Ware, die man erwerben will, wenn man Glück hat durch Aus-

Die Puppe in der Puppe

Souvenirs aus Russland haben ihren eigenen, originellen Reiz

Das beliebteste Mitbringsel ist immer noch eine *Matrjoschka* – die Puppe in der Puppe. Früher nur im großblumigen Standardmuster erhältlich, gibt es heute verschiedene Modelle und Qualitäten, etwa die Polit-Matrjoschka mit Putin außen und Lenin innen oder auch mit Basketballspielern oder Walt-Disney-Figuren. Die schönsten Exemplare bekommen Sie im *Ismailowskij-Park* oder auf dem *Arbat*.

zeichnung am Regal. Sollte der Preis nicht sichtbar sein, kann Ihnen nur die Verkäuferin helfen. Am besten lassen Sie sich den Preis aufschreiben, um Verständigungsschwierigkeiten zu vermeiden. Sie bezahlen an der Kasse und erhalten dort auch, bei Vorlage des Kassenbons, die Ware.

Öffnungszeiten der Läden
Lebensmittel und GUM *Mo–Sa 9–21 Uhr, So 8–18 Uhr* (nur Lebensmittel).
Alle übrigen Läden öffnen erst um *10 oder 11 Uhr* und schließen um *19 Uhr.* Die Designershops bleiben meist bis *22/23 Uhr* geöffnet.
Märkte: *Mo–Sa 7–18 Uhr, So 8 bis 16 Uhr*

ANTIQUITÄTEN

Antiquitäten dürfen nur mit einer Genehmigung des Kulturministeriums *(Kitajgorodskij Projesd 7, Tel. 928 50 89, Metro: Kitaj-Gorod)* ausgeführt werden.

Alexander **[121 D2]**
Ikonen, Gemälde, Porzellan. *Arbat 9, Metro: Arbatskaja*

Antikwariat **[121 E5]**
Hier gibt es alte Samoware, Porzellan, Schmuck und auch interessante alte Haushaltsgegenstände. *Bol. Jakimanka 54/56, Metro: Oktjabrjaskaja*

Bukinist **[115 E1]**
Früher gab es hier antiquarische Bücher, deshalb noch der Name. Nun werden Antiquitäten angeboten. *Ul. Puschetschnaja 4, Metro: Teatralnaja, Kusnezkij Most*

Kupina **[121 D2]**
Exklusive Antiquitäten. *Arbat 6/2, Metro: Arbatskaja*

Unisat **[120 C1]** Insider Tipp
Dieser schicke Laden wirkt eher wie ein Museum: Er führt Porzellan, Ikonen, Samoware und Gemälde. *Bol. Nikolopeskowskij per. 5, Metro: Arbatskaja*

BÜCHER

Anglijskaja kniga (Englisches Buch) **[118 A5]**
Englischer Buchladen mit großer Auswahl. *Kusnezkij Most 18, Metro: Kusnezkij Most*

Moskwa Kniga **[117 E5]**
Ein riesiger Buchladen, der alles im Angebot hat, was der russische Buchmarkt bietet: vom antiquarischen Buch bis zur CD. *Twerskaja 8, Metro: Ochotnyj Rjad*

Shakespeare and Company **[122 B5]**
Bücher aus den USA und England. Der Laden hat auch eine große Auswahl an antiquarischen Büchern. *1. Nowokusnezkij per. 5/7, Metro: Nowokusnezkaja*

CDS & NOTEN

Mir musyki **[117 D3]**
Noten und Musikliteratur. *Sadowaja-Triumfalnaja ul. 16, Metro: Majakowskaja*

Transilwanija **[117 E5]**
Hinter dem Restaurant Crab House befindet sich dieser Musikshop: Ob Schlager aus der DDR der Siebzigerjahre, ob deutscher Rock, ob japanische Popmusikplatten oder Popmusik-CDs, die Auswahl ist groß. *Twerskaja 6/1, Geb. 5, Metro: Ochotnyj Rjad*

Nota **[118 A5]**
Moskaus größte Notenauswahl. *Neglinnaja ul. 14, Metro: Teatralnaja*

Wsesojusnyje **[115 D1]**
CD-Supermarkt im obersten Stock des Kaufhauses ZUM. Große Auswahl von Pop und Punk bis Klassik. *Petrowka 2, Metro: Teatralnaja*

DELIKATESSEN

Galereja Win **[120 A2]**
Die »Weingalerie« versucht, in die Stadt des Wodkas Weinkultur einzuführen. Große Auswahl! *Kutusowskij pr. 1/7, Metro: Kiewskaja*

Jelissejew **[117 E5]** Insider Tipp
Wegen des üppigen Warenangebots, aber vor allem wegen der Architektur lohnt ein Besuch des Feinkostladens Jelissejew, ein Relikt der Zarenzeit. Schönes, üppiges Jugendstilinterieur. *Twerskaja 14, Metro: Puschkinskaja*

MARCO POLO Highlights »Einkaufen«

★ **Kaufhaus GUM**
Überwältigende Architektur (Seite 69)

★ **Flohmarkt Ismailowskij-Park**
Kunterbuntes Treiben und Originelles (Seite 68)

★ **Guelman-Galerie**
Berühmte russische Künstler (Seite 70)

★ **Märkte**
Berauschendes Völkergemisch, Blumen, frisches Obst und Gemüse, Nüsse und Kräuter (Seite 70)

★ **Image**
Großes Modehaus mit internationaler Designermode (Seite 70)

Sedjmoj Kontinent
Exklusive Supermarktkette, die 24 Stunden geöffnet hat und alle Delikatessen des europäischen und amerikanischen Marktes anbietet. **[118 A5]** *Bolschaja Lubjanka 12, www.7cont.ru, Metro: Lubjanka; oder:* **[120 C2]** *Arbat 54, Metro: Smolenskaja*

FLOHMARKT

Ismailowskij-Park **[U F2]**
★ Am Rand Moskaus erstreckt sich auf 1300 ha der schöne Ismailowskij-Park.

Ursprünglich stellten hier in der Vor-Gorbatschow-Ära junge Künstler ihre Werke aus. Als Kunstmarkt wird der am Wochenende stattfindende Markt immer noch bezeichnet, aber was hier jetzt an Kunst gezeigt wird, ist eher hübsches Kunsthandwerk. Was sich wirklich zu erwerben lohnt, sind die kunstvoll und sehr originell bemalten *Matrjoschkas* – die Puppen in der Puppe – und die bemalten Holzeier. Dafür müssen Sie einiges bezahlen, liegen aber dennoch günstiger als bei vergleichbaren Objekten in den Hotels. Die besten Teppiche aus dem Süden Russlands und Antikes wie alter Silberschmuck, Ikonen, Samoware oder Bernstein finden sich ebenfalls im Angebot.

Zum Teil wird schönes handgearbeitetes Holzspielzeug verkauft, auch kleine Anstecker, die selbst gefertigt sind. Bei schönem Wetter ist der Bummel zudem ein wunderbarer Spaziergang. *Tgl. 9–17 Uhr (im Winter ist früher Schluss), Sirenewyj bl. 4, Metro: Ismailowskaja*

Im Ismailowskij-Park wird am Wochenende nicht nur Kunst feilgeboten

GESCHENKE

Rosa Asora **[120 C2]**
Eine bunte Mischung aus Kunstgewerblichem aller Art: Puppen, Keramik, Fotografien, Bilder und Porzellan. *Malyj Wlasewskij per. 5, Tel. 299 11 78, Metro: Smolenskaja*

Mir nowych russkich **[120 C2]**
In der »Welt der neuen Russen« gibt es Kitsch: Gschel-Porzellan, Kristall, Schachteln, Döschen und was man sonst so Überflüssiges braucht. Gut für Souvenirjäger. *Arbat 36, Metro: Smolenskaja, Arbatskaja*

KAUFHÄUSER & PASSAGEN

Detskij Mir **[115 E1]**
Das frühere Kinderkaufhaus führt nun alles, was Kinderherzen wünschen und noch mehr. *Teatralnyj pr., Metro: Lubjanka, Teatralnaja*

GUM **[115 D3–4]**
★ Das größte Kaufhaus Russlands und sicher auch das schönste mit seiner überwältigenden Architektur. 1993 feierte es 100-jähriges Jubiläum und ist dafür eingehend renoviert worden. In 250 m Länge erstreckt es sich an der dem Kreml gegenüberliegenden Seite des Roten Platzes.

Über die gesamte Länge laufen drei nebeneinander liegende Ladenpassagen mit jeweils zwei Etagen. Glas überzieht alles. Benetton und Designer wie Christian Dior, Max Mara und Calvin Klein haben hier neben anderen westlichen Firmen ihre Dependancen. *Krasnaja pl. 3, Metro: Kitaj Gorod, Ploschadj Rewoluzii*

Petrowskij Passasch **[117 F5]**
Nina Ricci, Bally-Schuhe, Lacoste und Kenzo befinden sich neben einer deutschen Apotheke, einem Restaurant und einer Bar in der renovierten Passage aus dem 19. Jh. *Petrowka ul. 10, Metro: Teatralnaja*

Tretjakowskij projesd **[115 E2]**
Der alte Kaufmannshof, eine Passage zwischen der Nikolskaja ul. und dem Teatralnyj pr., wurde edel renoviert, und in die Shops zogen Armani, Prada, Gucci, Dolce & Gabbana und andere ein. Die Passage ist offen, sodass man zum Shoppen direkt mit dem Mercedes vorfahren kann. *Tretjakowskij per., Metro: Lubjanka, Teatralnaja*

ZUM **[115 D1]**
Es ist das zweitgrößte Kaufhaus Moskaus nach dem GUM, neben dem Bolschoitheater gelegen. *Ul. Petrowka 2, Metro: Teatralnaja, Kusnezkij Most*

KUNST

Die russischen nonkonformistischen Maler hatten es in der Breschnew-Zeit schwer. Sie konnten ihre Werke nicht öffentlich ausstellen. Seit 1986/87 die ersten nicht zensierten Ausstellungen junger avantgardistischer Künstler öffneten, ist das Interesse an dieser Kunst auch im Westen merklich gestiegen und man kann hier so manche Entdeckung machen.

Es gibt einige Exportsalons des Künstlerverbandes und viele Galerien. Wichtig ist immer ein Stempel als Ausfuhrerlaubnis für den Zoll. Das betrifft natürlich nur Kunstwerke und nicht Kunstgewerbliches. Eine Ausfuhrgenehmigung erhalten

Sie bei der Kulturabteilung der Stadt Moskau, **[115 D1]** *Neglinnaja ul. 8, Tel. 921 32 58*

Akademie der Künste (Akademija iskusstwa) **[121 D3]**
Verkaufsausstellung Mo–Fr 12–20, Sa, So 10–18 Uhr, ul. Pretschistenka 21, Tel. 201 37 04, Metro: Kropotkinskaja

Dar **[121 F4]**
Spezialisiert auf naive Kunst: Gemälde und Skulpturen. *Ul. Malaja Poljanka 7/7, Tel. 238 65 54, Metro: Poljanka*

Guelman-Galerie **[121 F4]**
★ Eine der renommiertesten Moskauer Galerien, die Malerei und Grafik berühmter russischer Künstler präsentiert. *Ul. Malaja Jakimanka 5, Tel. 238 84 92, Metro: Poljanka*

Insider Tipp **Moscow Collection** **[121 F5]**
Ausgestellt wird hier russische Avantgardekunst. Außerdem gibt es Poster vom Anfang des 20. Jhs. sowie Werke von Künstlern der Sechziger- bis Achtzigerjahre wie Eduard Steinberg, Wladimir Nemuchin, Oskar Rabin u. a. Besichtigung nur nach telefonischer Absprache. *Schetininskij per. 10, Tel. 238 39 68, Metro: Poljanka*

MÄRKTE

★ Es gibt in Moskau etliche Märkte, die unbedingt einen Besuch wert sind. Hier können Sie ein buntes Gemisch der Nationalitäten sehen. Bauern bieten ihre Waren zum Verkauf an: Nüsse, Früchte, Gemüse, Kräuter, Pilze, Pflanzen und – besonders empfehlenswert – sauer eingelegtes Gemüse.

Danilowskij Rynok **[U C4]**
Wie ein großes Ufo sieht das Marktgebäude aus. *Ul. Mytnaja 74, Metro: Tulskaja*

Palaschewskij Rynok **[117 D5]**
Der kleinste, aber zentralste Markt. *Sytinskij tup. 3a, Metro Puschkinskaja*

Tscherjomuschkinskij Rynok **[U B5]**
Der Markt im Universitätsviertel. *Lomonossowskij pr. 1/42, Metro: Profsojusnaja, Uniwersitet*

MODE

Art Point **[120 C2]**
Die Kleidung ist von guter Qualität und trotzdem relativ günstig: T-Shirts mit witzigen Aufdrucken, Hosen in ungewöhnlichen Schnitten für 50 Euro. *Arbat 41, Metro: Smolenskaja*

Dom Mody **[118 B1]** Insider Tipp
Der Modeschöpfer Wjatscheslaw Saizew hat einen eigenen Salon zum Anschauen oder auch Kaufen. *Pr. Mira 21, Metro: Prospekt Mira*

Image **[114 A3]**
★ Großes Modehaus: Versace, Joop, Moschino, Donna Karan u. a. *Bol. Nikitskaja ul. 15, Metro: Ochotnyj Rjad*

Little Beatle **[115 E1]**
Der Designer Sascha Nachfotschij entwirft Mode für junge Leute zu günstigen Preisen. *Ul. Roschdestwenka 11, Metro: Kusneszkij Most*

Tom Klaim
Der Name klingt englisch, doch dahinter verbirgt sich der russische

Designer Anatolij Klementjew. Seine Mode ist jung und erschwinglich. **[117 D4]** *Twerskaja 27, Metro: Majakowskaja* und **[114 C3]** *Galeriepassage unter dem Manegenplatz, Metro: Ochotnyj Rjad*

Tschapurin Couture **[118 B5]**
Moskauer Businessfrauen lieben die Mode von Igor Tschapurin, der aber auch junge Mode und Haute Couture entwirft. *Mjasnizkaja ul. 38, Metro: Tschistyje Prudy*

Twerskaja 34 **[116 C3]**
Edelschuhe im Luxusambiente. *1. Twerskaja Jamskaja ul. 34, Metro: Majakowskaja*

Valentin Judaschkin **[U B3]**
Slawa Saizew – lange der einzige Star am Moskauer Designerhimmel – hat Konkurrenz bekommen: Der exzentrische Valentin Judaschkin macht mit seinen auffälligen Modekreationen nicht nur in der russischen Hauptstadt Furore, sondern zeigt sich auch auf westlichen Schauen der Fachwelt und dem interessierten Publikum mit wachsendem Erfolg. *Kutusowskij pr. 19, Metro: Kijewskaja*

Wtoroje Dychanije **[122 A3]** Insider Tipp
Secondhandkleidung von Versace, Moschino, Kenzo u.a. *Pjatnizkaja 2, Metro: Tretjakowskaja*

PORZELLAN & GLAS

Chrustal **[114 C2]**
Nicht nur Kristall und Glas gibt es hier, auch edles Porzellan. *Twerskaja 1/5, Metro: Ochotnyj Rjad*

Farfor **[115 F1]**
Großes Angebot an Porzellan. *Ul. Mjasnizkaja 4/2, Metro: Lubjanka*

TABAK

Vor dem *Kiewer Bahnhof* gibt es Kioske, die alle Zigarettenmarken sehr billig anbieten. Bei manchen westlichen Rauchern beliebt sind *Papyrossy*, starke Zigaretten mit Pappmundstück, aber ohne Filter. Sie sind überall in der Stadt an den Zeitungskiosken erhältlich.

Davidoff **[117 D4]**
Edles im Edel-Ambiente. Zigarren, Zigaretten und Weine können Sie hier kaufen. *Twerskaja 23, Metro: Puschkinskaja*

Haute Couture à la russe

Sie sind im Kommen: die russischen Designer

Neben den westlichen Designern haben in den letzten Jahren russische Modeschöpfer das Terrain erobert: Außer dem Perestroikastar Slawa Saizew und dem Enfant terrible der russischen Mode Valentin Judaschkin lohnt sich ein Blick in die Salons von Igor Tschapurin, Anatolij Klementjew und Sascha Nachfotschij. Hier findet man originelle bis flippige Mode. Und schauen Sie in den Art Point *(Arbat 41, Metro: Smolenskaja)*, auch hier russische Designer zu meist günstigen Preisen.

Russische Nächte

Nach und nach entstehen wieder Hotels, die internationalen Maßstäben standhalten. Aber Moskauer Nächte sind teuer

Das Hotel National blickt weit über den Roten Platz hinaus

»Es war eine Herrlichkeit in gemäßigtem Jugendstil. Viel Marmor... und eine kirchenähnliche bemalte Glaskuppel überspannte ihn«, so beschreibt Oskar Maria Graf in seiner »Reise in die Sowjetunion« (1934) den Speisesaal des Hotels Metropol, das mit finnischer Hilfe total renoviert wurde. Das legendäre Metropol besitzt das schönere Gebäude, aber das erste Haus am Platz ist das Baltschug Kempinski, das Anfang der Neunzigerjahre eröffnete. Auch das Traditionshotel National wurde luxusrenoviert, und im Frühjahr 1999 eröffnete das neueste Flaggschiff der Marriott-Kette, das Marriott Royal. Das sind die Topherbergen des neuen Moskau, und hier werden Toppreise bezahlt. Doch generell ist das Preisniveau sehr hoch. Gute Hotels der mittleren oder einfachen Preiskategorie fehlen noch. Die Bettenburgen der Sowjetzeit, die zum Teil renoviert wurden wie das *Orljonok* oder das *Leningradskaja* können damit nicht konkurrieren. Andere, in denen der alte Sowjetcharme noch vorherrscht, haben entsprechend die Preise gesenkt. Sie weisen aber auch eine Reihe von Mängeln auf: nicht zu schließende oder zu öffnende Fenster, nicht abstellbare Heizungen, fehlender Zimmerservice, mangelnde sanitäre Anlagen. Einige von diesen Hotels renovierten einzelne Etagen, um mehr Komfort zu bieten. Bucht man als Pauschaltourist, ist es oft günstiger als für Individualtouristen.

Sie prägen Moskaus Skyline: Das Hotel Ukraina ist eines der sieben Hochhäuser im pseudogotischen Zuckerbäckerstil

Die meisten Hotels bieten Postservice, einen Shop oder eine Ladenpassage, eine Bar, Restaurants sowie häufig auch Cafés, in denen man einen kleinen Imbiss einnehmen kann. Einige Häuser haben eine eigene Diskothek oder einen Nachtclub.

Statt des Passes, den man zur Registrierung abgibt, erhält man eine Hotelkarte mit seinem Namen, der Zimmernummer und der genauen Adresse des Hotels. Diese leistet gute Dienste, falls man sich

Hotel Metropol: einst illustre Gäste, heute liebloser Service

in der Stadt verlaufen hat und der Sprache nicht mächtig ist. Man zeigt sie dem Taxifahrer und findet so zurück.

Alle Hotels in Moskau geben die Zimmerpreise in Dollar oder Units an. Ein Unit liegt etwas über dem Dollarkurs. Hinzu kommen 20 Prozent Steuern.

Auf folgenden Internetseiten finden Sie Informationen über Hotels. Bei Buchung übers Internet gibt es günstige Angebote: *www.allrussia hotels.com, www.lodging.ru, www. hotels.msk.ru, www.1001hotels.ru*

HOTELS €€€

Iris **[0]**
Sehr weit draußen gelegenes 5-Sterne-Hotel mit Swimmingpool, Sauna und Gourmetrestaurant. Sie kommen bequem ins Moskauer Stadtzentrum, denn das Hotel bietet einen Shuttleservice an. *200 Zi., Korowinskoje Schossee 10, Tel. 488 80 00, Fax 438 88 44*

Marriott Twerskaja **[116 C2]**
Am Anfang der Twerskaja gelegen, nicht weit vom Weißrussischen Bahnhof, bietet dieses Haus einen guten Komfort. Schöne Restaurierung im Neo-Jugendstil. *162 Zi, 1. Twerskaja-Jamskaja 34, Tel. 258 30 00, Fax 258 30 99, www. marriotthotels.com, Metro: Belorusskaja*

Metropol **[115 D2]**
Von 1899 bis 1903 im frühen Jugendstil erbaut mit Majolikabildern des Malers Michail Wrubel an der Außenfront, diente das Hotel nach der Revolution der jungen Sowjetmacht als Hauptquartier. 1931 feierte George Bernard Shaw seinen Geburtstag im Metropol, später wohnten hier Oskar Maria Graf und Klaus Mann. Leider ist das alles nur Geschichte, denn das Hotel hält nicht, was das Äußere verspricht: Der Service ist schlecht, wenn auch die Zimmer nicht lieblos ausgestattet sind. Die Lage zwischen Bolschoitheater und Rotem Platz jedoch ist ausgezeichnet. *403 Zi., Teatralnyj pr. 1/4, Tel. 927 60 00, Fax 927 60 10, www. metropol-moscow.ru, Metro: Teatralnaja*

Palace Sheraton **[116 C2]** Insider Tipp
Haus mit allem Komfort in Moskaus Hauptstraße Twerskaja. Moderne Zimmer und guter Service, außerdem gibt es verschiedene Restaurants und ein Fitnesscenter im Haus. *220 Zi., 1. Twerskaja-Jamskaja ul. 19, Tel. 931 97 00, Fax 931 97 08, www.sheraton.com, Metro: Belorusskaja*

HOTELS €€

Aerostar [U B2]
Zwischen Flughafen und Zentrum liegt auf halbem Weg das Aerostar, ein Jointventure einer kanadischen Hotelkette mit Aeroflot. Ausgezeichnet als bestes 4-Sterne-Hotel Moskaus. Guter Service. *413 Zi., Leningradskij pr. 37/9, Tel. 155 50 30, 502-213 90 00, Fax 502-213 90 01, www.aerostar.ru, Metro: Dinamo*

Insider Tipp **Arbat** [120 C2]
1960 wurde dieses kleine Hotel in einer ruhigen Seitengasse vom Arbat für Parteifunktionäre erbaut. Die Badezimmer stammen noch aus dieser Zeit. Geräumige Zimmer. *106 Zi, Plotnikow per. 12, Tel. 244 76 35, Fax 244 00 93, www.hotelarbat.ru, Metro: Smolenskaja*

Best Western Art Hotel [U A2]
Modernes, neues Hotel, das relativ weit draußen im Grünen liegt. Das Haus bietet einen Shuttleservice ins Zentrum. In der Nähe von Serebrjanyj Bor gelegen, dem Naherholungsgebiet der Moskauer. *80 Zi., 3. Peschanaja ul., Tel. 725 09 05, Fax 725 09 04, www.bestwesternhotels.com, Metro: Poleschajewskaja, Bus*

Budapest [118 A5]
1876 wurde das Gebäude erbaut und ist nun ein wenig aus dem sowjetischen Dornröschenschlaf erwacht. Renoviert hat es sich zum Drei-Sterne-Hotel gemausert, und die Lage – direkt im Zentrum, hinter dem Bolschoitheater – ist bestens. *120 Zi., Petrowskije linii 2/18, Tel. 923 23 56, Fax 921 12 66, www.hotel-budapest.ru, Metro: Kusnezkij Most, Ochotnyj Rjad*

Danilowskij [U D4]
★ Im Danilow-Kloster, dem Sitz des Moskauer Patriarchen, residiert dieses Hotel. Ursprünglich für die

MARCO POLO Highlights »Übernachten«

★ **Danilowskij**
Klosterblick und ruhige Lage (Seite 75)

★ **Baltschug Kempinski**
Die unübertroffene Nummer 1 in Moskau (Seite 76)

★ **Radisson Slawjanskaja**
Sehr komfortabel mit ausgezeichnetem Service und Businesscenter (Seite 77)

★ **Savoy**
Zentral mit schönem Restaurant (Seite 77)

★ **National**
Im alten Jugendstilglanz renoviert (Seite 76)

★ **Marriott Royal Aurora**
Moderne Eleganz im Zentrum der Stadt (Seite 76)

★ **Traveller Guesthouse**
Die preisgünstige Alternative (Seite 79)

Moskauer Luxushotels

Baltschug Kempinski [115 E6]
★ Das Spitzenhotel in Moskau. Zur richtigen Seite hat man einen phantastischen Blick über die Moskwa auf den Roten Platz mit der Basilius-Kathedrale und den Kreml. Großzügige Zimmer, luxuriöses Interieur und ein sehr guter Service. Außerdem vorhanden: Businesscenter, Pool und Fitnesscenter. Insider Tipp Am Sonntag gibt es Linner (Lunch und Dinner). Nicht nur Hotelgästen schmeckt das üppige Buffet, das nachmittags bereit steht. *234 Zi., ab 350 Euro, ul. Baltschug 1, Tel. 230 65 00, Fax 230 65 02, www.kempinski-moscow.com, Metro: Nowokusnezkaja, Tretjakowskaja*

Marriott Grand Hotel [117 D4]
Wie ein Palast wirkt das Hotel an Moskaus Hauptstraße Twerskaja. Sehr großzügige, komfortable Zimmer und guter Service. Mehrere Restaurants, großer Swimmingpool, Sauna, Fitnesscenter. *392 Zi., ab 300 Euro, Twerskaja 26, Tel. 937 00 00, Fax 937 00 01, www.marriotthotels.com, Metro: Majakowskaja, Puschkinskaja*

Marriott Royal Aurora [117 F5]
★ Das dritte Hotel der amerikanischen Kette eröffnete im Frühjahr 1999. An der ruhigen Petrowka gelegen, kann man von hier alles im Zentrum gut zu Fuß erreichen. Luxuriöse Ausstattung. *230 Zi., ab 350 Euro, Petrowka 11/20, Tel. 937 10 00, Fax 937 10 01, www.marriotthotels.com, Metro: Teatralnaja, Ochotnyj Rjad*

National [114 B2]
★ Das Traditionshotel von 1903 wurde nach jahrelangen Umbauarbeiten im Mai 1995 wieder eröffnet. Die stilechte Renovierung ist gelungen, die schönsten Suiten (u. a. auch die Suite, in der Lenin 1918 lebte) blicken auf den Roten Platz. Wer kein Zimmer mit Ausblick bewohnt, kann vom Restaurant im ersten Stock die phantastische Aussicht genießen. Im Swimmingpool unterm Dach schwimmt man zwischen den Wolken. *231 Zi., ab 340 Euro, Ochotnyj Rjad 14/1, Tel. 258 70 00, Fax 258 71 00, www.national.ru, Metro: Ochotnyj Rjad*

Gäste des Patriarchats gebaut, ist es nun der Öffentlichkeit zugänglich. Fürst Daniil Aleksandrowitsch, der Sohn Alexander Newskijs, hatte das Kloster Ende des 13. Jhs. gegründet. Schöner Blick über das renovierte Kloster mit seinem friedvollen Garten. Sehr ruhige Lage. Restaurant im Haus. *40 Zi., Bol. Starodanilowskij per. 5, Tel. 954 05 03, Fax 954 05 59, Metro: Tulskaja*

Golden Ring (Belgrad) [120 B2]
Sein Reiz liegt in der Nähe zur Fußgängerzone Arbat und dem ausgezeichneten Blick, wenn man in dem 21-stöckigen Haus ganz oben wohnt. Nach der Renovierung: größere Zimmer und komfortabler. *247 Zi., Smolenskaja pl. 5, Tel. 725 01 00, Fax 725 01 01, www.hotel-goldenring.ru, Metro: Smolenskaja*

Holiday Inn [U C1]
Weit außerhalb im Norden der Stadt, aber kostenloser Shuttle-Service ins Zentrum und auch zum Flughafen. Guter Standard mit Sauna und einem Fitnesscenter. *146 Zi., Dmitrowskoje Schossee 171, Tel. 937 06 70, Fax 937 06 71, www.holiday-inn.com, Metro: Dmitrowskaja*

Insider Tipp **Marco Polo Presnja** [117 D5]
1904 als Hotel für englische Lehrer erbaut und dann nach der Revolution als Parteihotel genutzt. Das kleine Hotel ist nett renoviert, und sowohl Service als auch Lage sind bestens. *68 Zi., Spiridonewskij per. 9, Tel. 244 36 31, Fax 926 54 04, 926 5402, www.presnja.ru, Metro: Puschkinskaja*

Olympic Penta Renaissance [118 A1]
Inzwischen hat die große Auswahl an Hotels im Zentrum dieses Haus weit in den Schatten gestellt, lange Zeit war es das einzige Hotel, das mit seinen 500 Zimmern westlichem Standard entsprach. Das Hotel hat einen Swimmingpool und einen Fitnessraum. *470 Zi., Olimpijskij pr. 18/1, Tel. 931 98 33, Fax 931 90 76, www.renaissancehotels.ru, Metro: Prospekt Mira*

Radisson Slawjanskaja [120 A3]
★ Dieses Hotel einer amerikanischen Kette ist nicht schön, aber sehr komfortabel. Ausgezeichneter Service! Der untere Teil ist wie eine Stadt in der Stadt: drei Restaurants, eine Ladenpassage, ein Fitnessclub mit Pool und Businesscenter. *431 Zi., Bereschkowskaja nab. 2, Tel. 941 80 20, Fax 941 80 00, www.radisson.com, Metro: Kiewskaja*

Savoy [115 D1]
★ Sehr zentral gelegen, eröffnete das Haus 1913 als Hotel Berlin. Nach einem Brand wurde es 1989 unter russisch-finnischer Leitung frisch renoviert wiedereröffnet. Erlesenes Interieur, schönes Restaurant. *83 Zi., ul. Roschdestwenka 3, Tel. 929 85 55, Fax 230 21 86, www.savoy.ru, Metro: Teatralnaja, Ljubjanka*

Im Baltschug Kempinski stimmt alles: Aussicht, Interieur, Service

HOTELS €

Ismajlowo [U F2]
Riesenhotelkomplex mit fünf Hochhäusern außerhalb im Osten der Stadt. Einfache Zimmer, aber preiswert und direkt an der Metro gelegen. *2500 Zi., Ismaijlowskoje Schossee 71, Tel. 166 01 09, 166 37 36, Fax 166 41 27, www.izmailovo.ru, Metro: Ismajlowskaja*

Kosmos [U D1]
Das 25-stöckige Hotel wurde 1979 erbaut und galt damals als sehr komfortabel. Seitdem ist wenig gemacht worden. Die Zimmer sind klein. Doch renovierte man die beiden obersten Etagen, die 150 Zimmer und drei Suiten bieten, einen eigenen Aufzug und eigenes Personal haben. Das kostet einen Aufpreis. Weit vom Zentrum, aber direkt an der Metro gelegen. *1777 Zi., Prospekt Mira 150, Tel. 234 14 86, Fax 215 88 80, www.hotelcosmos.ru, Metro: WDNCH*

Leningradskaja [119 D3]
Eines der sieben Hochhäuser im Zuckerbäckerstil, die hoch über Moskau hinausragen. Anfang der Fünfzigerjahre erbaut, aber Mitte der Neunziger renoviert, bietet es einen schönen Blick und den Komfort eines Mittelklassehotels. *347 Zi., Kalantschewskaja ul. 21/40, Tel. 975 30 32, 975 18 15, Fax 975 18 02, Metro: Komsomolskaja, Krasnyje Worota*

Minsk [117 D4]
Mitten im Zentrum, allerdings sehr einfach: Sowjetzeiten pur! Für alle, die auf Nostalgiefahrt sind oder das alles gar nicht mehr kannten. Man wohnt relativ preiswert. Nicht klar ist, wie lange das Hotel noch existiert, zur Diskussion steht der Abriss. *105 Zi., Twerskaja 22, Tel. 299 12 13, Fax 299 03 62, minck@chat.ru, Metro: Puschkinskaja*

Moskwa [114 C2]
Riesenhotel am Roten Platz, ehemals als Partei- und Regierungshotel genutzt, ist es nun sehr heruntergekommen, dafür aber günstig im Preis. *1033 Zi., Ochotnyj Rjad 2, Tel. 960 20 20, 933 75 75, Fax 928 59 38, www.hotel-moskva.aha.ru, Metro: Ochotnyj Rjad*

Orljonok [U B–C4] Insider Tipp
Auf den Sperlingsbergen in der Nähe der Universität liegt das ehemalige Jugendhotel, das sich nun durch eine umfassende Renovierung verwandelt hat. Ausgezeichnetes Angebot: Frühstück von 7 bis 17 Uhr! Von den oberen Etagen Panoramablick auf die Stadt. Es gibt eine VIP-Etage, in der die Zimmer besonders gut ausgestattet sind. Das hat seinen Preis. Sie kosten ab 25 Euro mehr. *280 Zi., ul. Kossygina 15, Tel. 939 88 88, Fax 938 22 00, www.hotel-orlyonok.ru, Metro: Leninskij Prospekt*

Rossija [115 F5]
Das größte Hotel Moskaus in ausgezeichneter Lage, da fast alle Zimmer einen schönen Blick haben. Herrlich ist die Aussicht auf die Basilius-Kathedrale und den Kreml. Alles ist sehr einfach, doch inzwischen hat man begonnen, einige Etagen zu renovieren. Das Haus besitzt über 2000 Zimmer und zahlreiche Restaurants. *Ul. Razina 6, Tel. 232 62 54, 232 62 56, Fax 232 62 62, 232 62 55, Metro: Kitaj Gorod*

Sherstone Hostel [O]
Jugendhotel am nördlichen Stadtrand von Moskau: ab 20 Euro. *100 Zi., Gostinitschnyj pr. 8/1, Tel. 797 80 75, www.sherstone.ru, Metro: Wladykino*

Sowetskij [116 A1]
1952 im stalinistischen Monumentalstil erbaut, bietet es nun, erweitert und renoviert, ganz guten Komfort. Hier übernachteten schon Konrad Adenauer und Indira Gandhi. Eine Besonderheit ist das zum Hotel gehörende Restaurant *Jar* mit seinem prachtvollen Saal. *434 Zi., Leningradskij pr. 32/2, Tel. 960 20 00, Fax 250 80 03, hotel_sovietsky@mtu-net.ru, Metro: Belorusskaja, Dinamo*

Traveller Guesthouse [U D1]
★ Preiswert, dafür wenig Komfort. Ab 48 Euro. *33 Zi., Bolschaja Pereslawskaja ul. 50, 10. Stock, Tel. 971 40 59, Fax 280 76 86, tgh@startravel.ru, Metro: Rischskaja*

Ukraina [120 A1]
Der Blick von ganz oben aus dem 31-stöckigen Hochhaus im Zuckerbäckerstil ist atemberaubend: direkt gegenüber dem Hotel der Fluss und das Weiße Haus und dahinter dann die ganze große Stadt. Einige Zimmer sind sehr geräumig, der Service und die Einrichtung jedoch sind noch sehr sowjetisch. *1017 Zi., Kutusowskij pr. 2/1, Tel. 933 56 56, Fax 956 20 78, 933 69 78, www.ukraina-hotel.ru, Metro: Kiewskaja*

PRIVATE UNTERKÜNFTE

Bad & Breakfast über *www.russianguide.20m.com*, ab 20 Euro und auch Wohnungen *oder über den CVJM-Reisedienst, An der Alster 40, 20099 Hamburg, Tel. 040/28 40 95 70, Fax 280 20 11, www.cvjm-russlandreisen.de.* Oder Sie faxen Irina von Schlippe, sie vermittelt auch private Unterkünfte: *Fax 089/89 62 37 40*

Generation P

Ob Krimi oder Gesellschaftsroman – Literatur boomt

P steht für Pepsi-Cola, denn das war das einzige westliche Getränk, das in der Breschnew-Zeit auf dem sowjetischen Markt war. Von diesem Hauch westlicher Freiheit sind alle beeinflusst, die in den Siebzigerjahren geboren wurden. Viktor Pelewin porträtiert in seinem Buch »Generation P« Moskau am Ende des 20. Jhs. Auch Polina Daschkowa, die Königin des russischen Kriminalromans, beschreibt in ihren rasanten Thrillern »Club Kalaschnikow« und »Die leichten Schritte des Wahnsinns« das neue Moskau. Ein ganz anderes Bild der Stadt liefert Boris Akunin, ein weiterer Moskauer Kultautor. In seinen historischen Krimis um den Kommissar Fandorin (»Fandorin« und »Türkisches Gambit«) schildert er Moskau am Ende des 19. Jhs.

Moskauer Nächte sind lang

Musik-, Ballett- und Theaterfreunde kommen hier kaum zur Ruhe, aber auch Nachtschwärmern bieten Clubs und Diskos einiges

Moskau entwickelte sich in den letzten Jahren immer mehr zur Stadt für Nachtschwärmer. Die Moskauer haben das Gefühl, sie müssten nun alles nachholen: An vielen Ecken im Zentrum blinken die Lichter von Nachtclubs und Kasinos. Auch in den großen Hotels gibt es Nachtbars und Nightshows. Die »normalen« Moskauer gehen dort allerdings nicht hin, dort findet man nur die »Nouveaux Riches«.

Auch wenn Sie sich für Oper, Ballett, Theater und Konzerte interessieren, bietet Ihnen Moskau ein reichhaltiges Angebot. Dabei überwiegen eindeutig Angebote der leichten Muse: Komödien, Operetten, Musicals und Musikshows.

Die Programme von Theatern, Ballett, Oper und Konzerten hängen wochenweise auf großen Plakaten aus – in den Hotels und an den Theaterkassen und Kiosken. Oder besorgen Sie sich freitags die »Moscow Tribune« oder die »Moscow Times«, dort sind die interessantesten Veranstaltungen für eine Woche verzeichnet.

1780 fing es mit Maskeraden und komischen Opern an. Das Bolschoiballett tanzt im neoklassizistischen Gebäude von 1856

BALLETT

Bolschoitheater **[115 D1]**

★ Für Ballett steht immer noch an erster Stelle das Bolschoiensemble, wenn auch das St. Petersburger Mariinskijensemble eine ernst zu nehmende Konkurrenz darstellt.

Bei den Moskauern ist eine Karte für das Bolschoi das größte Geschenk, denn es ist sehr schwer, an Karten zu kommen. Als Tourist haben Sie es – gegen Devisen – einfacher, sich über das Servicebüro Karten bestellen zu lassen. Wenn das nicht klappt, bekommen Sie meist vor dem Theater eine halbe Stunde vor Vorstellungsbeginn noch eine übrig gebliebene Eintrittskarte, gegen Euro oder Dollar. Der prachtvoll dekorierte Zuschauerraum bietet 2300 Besuchern Platz. Schon seit Jahren im Repertoire: »Schwanensee«, »Giselle«, »Der Nussknacker«. Als besonders spektakulär gelten die Choreografien des ehemaligen Kirow-Tänzers Jurij Grigorovitsch: »Spartakus«, »Iwan der Schreckliche«, »Romeo und Julia« und »Das Goldene Zeitalter«.

Der Nachwuchs wird in einer eigenen Schule ausgebildet. Neben dem alten Haus hat ein zweites, pompöses Gebäude eröffnet. *Teatralnaja pl. 7, Tel. 292 00 50, www.bolshoi.ru, Metro: Teatralnaja*

Musiktheater (Musykalnyj teatr) **[114 C1]**
Wenn Sie keine Karten für das Bolschoi bekommen können, schauen Sie sich ein Ballett im Musiktheater an. *Bol. Dmitrowka ul. 17, Tel. 229 83 88, www.stanislavsky.ru, Metro: Teatralnaja*

DISKOTHEKEN & CLUBS

In den letzten Jahren sind supermoderne Diskos und trendige Clubs wie Pilze aus dem Boden geschossen. Der Eintritt liegt meist zwischen 10 und 30 Euro, Frauen zahlen weniger als Männer.

Insider Tipp **Bunker** **[117 E5]**
Sehr beliebt! Vor allem am Wochenende sind die Säle mit ihren Tanzflächen voll, denn alle bekannten Bands aus Petersburg und Moskau stehen hier im Wechsel auf der Bühne. *Tgl. ab 23 Uhr, Tverskaja ul. 12, Metro: Twerskaja*

Forte **[117 D5]**
Junges, studentisches und Künstlerpublikum. Livebands. *Tgl. 11–2 Uhr, Bol. Bronnaja ul. 18, Metro: Puschkinskaja*

Jazz Art Club **[U B2]**
Jamsessions und Jazzshows, an den Wänden Fotos russischer Jazzmusiker, in einem alten Kino mit Plüschsofas. *Di, Mi, Fr, So 19.30–2 Uhr, Swenigorodskoje Schossee 3, Metro: Uliza 1905 goda*

Krisis Schanra **[121 D3]**
★ Künstler- und Studentenpublikum, das immer jünger wird. Billiges Bier, Snacks und gute Bands: Deswegen ist der Laden auch immer voll. *Tgl. 11–23 Uhr (Livemusik ab 20 Uhr), Eintritt frei, Pretschistenskij per. 22/4, Metro: Kropotkinskaja*

Manhattan **[115 F5]**
Die Einrichtung ist neokolonial mit Seidenmöbeln, Skulpturen und Gemälden, dazu klassische Musik. Ein zweiter Raum ist im High-Tech-Stil, hier wird getanzt. Stets anwesend sind Models, Schamanen und echte sowie Möchtegern-VIPs. *Ul. Warwarka (im Hotel Rossija oberster Stock), tgl. 21–6 Uhr, Metro: Kitaj Gorod*

Master **[U D4]**
Die erste Adresse in Moskau, um Techno-Gruppen zu hören. Unten findet nur Barbetrieb statt, oben wird auf einer riesigen Tanzfläche getanzt. Am besten ist es freitags. *Tgl. 21–8 Uhr, Pawlowskaja ul. 6, Metro: Dobryninskaja, Serpuchowskaja*

Monte Carlo **[115 E6]**
Schicke Disko im Keller hinter dem Hotel Baltschug. Achtung: Gesichtskontrolle! Hier sind die Reichen und die Schönen unter sich. *Tgl. 23–6 Uhr, ul. Baltschug 3/2, Metro: Tretjakowskaja*

Night Flight **[117 D4]**
Schwedische Disko im gleichnamigen Restaurant zentral auf der Twerskaja. Beliebtes Abschlepplokal: viele Mädels, die auf westliche Männer warten. Kleine Snacks und gute Drinks. Tgl. *22–5*

Uhr, Twerskaja 17, Metro: Majakowskaja

Insider Tipp
Pilot [U B2]
Künstlerklub mit Livemusik, Tanz, Ausstellungen und Performances. So und Do: Studentennächte. *Tgl. 23–6 Uhr, Trjochgornyj wal 6, Tel. 252 27 64, Metro: Ul. 1905 goda*

Propaganda [115 F2]
Immer voll mit jungen Russen und Ausländern. Disco-House, Techno, Hip-Hop – das alles im besten Danceclub der Stadt mit den coolsten DJs. *Tgl. 12–6 Uhr, Eintritt muss nur am Wochenende bezahlt werden, Bol. Slatoustinskij per. 7, Metro: Kitaj Gorod*

Insider Tipp
Red Bar [U B3]
Der Fahrstuhl gleitet sanft in den 27. Stock. Man betritt die Red Bar. Alles ist rot: Die Wände, die Sofas und Sessel, doch das ist nicht so entscheidend. Der Blick ist es. Durch die riesigen Fenster liegt Ihnen ganz Moskau zu Füßen. Ein Traumblick – dazu leckere Cocktails. *Tgl. 18–3 Uhr, nab. Tarasa Schewtschenko 23 a, Metro: Kutusowskaja*

Sports Bar [120 C1]
Einer der beliebtesten Treffpunkte junger Moskauer. Am Do Disko, am Fr und Sa Hip-Hop und Techno, am So Rock 'n' Roll. *12–6 Uhr, Eintritt frei, Nowyj Arbat 10, Metro: Arbatskaja*

Tabula Rasa [U B4]
Insider Tipp
Ein gemischtes Publikum mittleren Alters hockt hier in der Bunkerbar bei guter Livemusik (traditioneller Rock und alternative Musik), kleine Tanzfläche. *Tgl. 19–6 Uhr, Konzerte ab 23.30 Uhr, Bereschkowskaja nab. 28, Metro: Kiewskaja, Trollejbus 34, 17, 7 bis Patentnaja Biblioteka*

Tretij Putj [122 A3]
House, Techno und alternative Livemusik für ein junges Publikum. Preiswerte Getränke, kleine Räume, in denen man Videos gucken

MARCO POLO Highlights »Am Abend«

★ **Bolschoitheater**
Perfektes Ballett im beeindruckenden, prachtvoll dekorierten Interieur (Seite 81)

★ **Zirkus**
Tierdressuren, Clowns und wagemutige Akrobaten, jetzt sogar in zwei großen Gebäuden (Seite 87)

★ **Moskauer Tschaikowskij-Konservatorium**
Klassische Musik in herrlicher Akustik (Seite 85)

★ **Krisis Schanra**
In dieser Disko ist immer etwas los: für alle Jungen und Junggebliebenen. Mit Livemusik! (Seite 82)

Schrill und hip – exzessives Nachtleben im neuen Moskau

oder Schach spielen kann. *Fr, Sa 22–5 Uhr, Eintritt 3,50 Euro, Pjatnizkaja ul. 4, Metro: Tretjakowskaja*

Up & Down [120 C4]

Selbst in New York spricht man schon von diesem Klub, und das nicht nur, weil Claudia Schiffer ihr Autogramm auf den Wänden hinterlassen hat. Schräg, schrill und teuer. *Tgl. 20–6 Uhr, Subowskij bl. 4, Metro: Park Kultury*

Wermel [122 A–B2]

Eine Mischung aus Disko und Undergroundclub. Café oder Tanz – beides ist möglich, und montags werden Filmkomödien der Sowjetzeit gezeigt. *Tgl. 12–6 Uhr, Rauschskaja nab. 4/5, Metro: Tretjakowskaja*

GAY

Chance [U E3]

Gayclub: im oberen Stockwerk Russian-Pop, unten spielt Techno und House. *Tgl. 23–6 Uhr, Wolotschajewskaja ul. 11/15, Metro: Ploschadj Iljitscha*

Kasarma [116 A4]

Der beliebteste Schwulentreff in Moskau. Am Wochenende Bühnenshow mit schönen Männern. *Tgl. 18–7 Uhr, Presnenskij wal 14, Metro: Uliza 1905 goda*

KINOS

Vom Schundfilm bis zu Hollywoodproduktionen zeigen die Kinos alles. Wenn Sie in Moskau ins Kino wollen, sollten Sie unbedingt in eines der großen Theater gehen. Ausländische Filme laufen im Original, aber nicht mit Untertiteln, sondern mit einer Synchronstimme. Anstrengend!

Chudoschestwennyj [121 D1]

Gehört zu den großen Kinos der Stadt. Hier werden Festivalfilme gezeigt. *Arbatskaja pl. 14, www.kinoarbat.ru, Metro: Arbatskaja*

Dom Kino [117 D3]
Für besondere Filmliebhaber und Spezialisten sei das »Haus des Kinos« genannt, in dem Filmpremieren und Diskussionen stattfinden – und der Filmverband seinen Sitz hat. *Ul. Brestskaja, Metro: Majakowskaja*

House of Cinema [117 D3]
Im Hotel Radisson werden amerikanische Filme gezeigt. 1. *Bereschkowskaja nab. 2, Metro: Kijewskaja*

Kinozentrum [116 B6]
In zwei Kinosälen läuft jeden Abend ein anderes Programm, außerdem im Haus: ein Kinomuseum. *Druschinnikowskaja ul. 15, Metro: Krasnopresnenskaja*

Kodak Kino Mir [117 E4]
Neues, modernes Kino, in dem fast nur ausländische Filme gezeigt werden. *Nastassinskij per. 2, Metro: Twerskaja*

Puschkinskaja [117 E4]
4000 Plätze – und damit das größte Kino der Stadt. Frisch renoviert. *Puschkinskaja pl. 2, www.pushkinsky.ru, Metro: Puschkinskaja*

KONZERTE

Moskauer Tschaikowskij-Konservatorium [114 A3]
★ Für Freunde klassischer Musik bietet Moskau viel. Ein Konzertabend im Großen Saal des Konservatoriums wird unvergesslich bleiben. Der Saal hat eine phantastische Akustik. Hier findet alle vier Jahre der »Internationale Tschaikowskij-Wettbewerb« statt. *Konzertbeginn 19 und 19.30 Uhr. Karten über das Servicebüro des Hotels oder über Theaterkioske. Bol. Nikitskaja ul. 13, Tel. 229 74 12, Metro: Arbatskaja*

Tschaikowskij-Konzertsaal [117 D4] Insider Tipp
Auch die Konzerte im Tschaikowskij-Konzertsaal erfreuen sich bei den musikbegeisterten Moskauern großer Beliebtheit und sind stets ausverkauft.

Karten können Sie genau wie für das Konservatorium am besten

Musical-Time

Die erste täglich laufende Musicalshow Russlands

Seit Herbst 2001 läuft das Musical »Nord-Ost« täglich vor vollem Haus: Liebe und Verrat, in Szene gesetzt mit grandiosen Spezialeffekten, aufwändiger Dekoration und mitreißender Musik. Es ist das erste russische Musical und wurde nach dem Roman »Zwei Kapitäne« von Wenjamin Kawerin geschrieben. Im Herbst 2002 fand hier die Geiselnahme tschetschenischer Rebellen statt, doch seit Januar 2003 wird wieder gespielt. *Vorstellungen tgl. Di–So, ab 19 Uhr, Theaterzentrum na Dubrowke, ul. Melnikowa 7, Tel. 784 77 87, www.nordost.ru, Metro: Proletarskaja*

im Servicebüro Ihres Hotels bekommen. *Konzertbeginn 19 oder 19.30 Uhr, Bol. Sadowaja ul. 20, Tel. 299 36 81, Metro: Majakowskaja*

OPER

Moskaus Opernwelt dümpelte jahrelang vor sich hin. Nun gibt es mit der Inszenierung von Peter Ustinov wieder eine interessante Aufführung: »Die Liebe zu den drei Orangen« von Prokofjew. Wenn Sie großer Opernliebhaber sind, sollten Sie sich eine der russischen Opern ansehen, die bei uns selten oder nie aufgeführt werden. Im Repertoire sind »Pique Dame«, »Boris Godunow«, »Stepan Rasin« oder »Fürst Igor«.

THEATER

Mit fast 50 Theatern und vielen Studiobühnen ist Moskau eine ausgesprochene Theaterstadt.

Thematisch führt die Tendenz weg von den historischen Problemstücken hin zur Erotik auf der Bühne. Dafür stehen vor allem Inszenierungen von Roman Viktjuk. Die Moskauer Theater sind Repertoiretheater, die ihre Stücke durchaus zehn Jahre oder länger spielen.

Mchat – Moskauer Künstlertheater [114 B1]
Gilt als das traditionellste und anspruchsvollste Theater der Stadt. Berühmt wurde es durch die ersten Tschechow-Inszenierungen Anfang des 20. Jhs.. »Die Möwe«, »Iwanow«, »Drei Schwestern« und »Onkel Wanja« sind ständig im Repertoire. In dem historisch perfekt restaurierten Gebäude werden russische und westliche Klassiker gespielt. Konventionelles, gutes Theater. *Kamergerskij per. 3, Tel. 229 87 60, Metro: Ochotnyj Rjad,* neues Gebäude [117 E5]: *Twerskoj bl. 22, Tel. 203 87 91, Metro: Puschkinskaja*

Musiktheater für Kinder (Detskij musykalnyj teatr) [U B4]
In dem von Natalja Saz geleiteten Theater finden Opern, Ballette und Konzerte statt, die speziell für Kinder aufbereitet sind. Sehr interessant für Musikliebhaber, Sprachkenntnisse sind hier nicht erforderlich. *Pr. Wernadskowo 5 (neben dem Zirkus), Tel. 130 70 21, Metro: Uniwersitet*

Schule der Dramatischen Kunst (Schkola dramatitscheskowo iskusstwa) [121 D1]
Insider Tipp
Geleitet wird dieses Theater von Anatolij Wassiljew, der mit seinen spektakulären Inszenierungen auch auf Gastspielreisen im Westen schon erhebliches Aufsehen erregte. Das sehr beliebte Ensemble ist allerdings oft unterwegs. *Ul. Powarskaja 20, Tel. 291 85 68, Metro: Arbatskaja*

Theater an der Taganka [123 D3]
Lange Zeit galt das Theater als die kritische Experimentierbühne Moskaus. Die Inszenierungen von Jurij Ljubimow sind legendär.

Inzwischen können andere Theater durchaus mit der Qualität des Taganka konkurrieren. Ljubimow ist zurückgekehrt, aber das Theater gespalten. Ljubimows neueste Inszenierung nach Dostojewskijs »Die Brüder Karamasow« ist besonders sehenswert. Außerdem im Repertoire: »Camera Obscura« nach der

Novelle von Vladimir Nabokov und »Meisterklasse«, ein Stück über Maria Callas. *Semljanoj wal 76, Tel. 915 12 17, Metro: Taganskaja*

Theater der Mimik und Gesten (Teatr mimiki i schesta) **[U F2]**
Dieses Theater von Taubstummen ist mit seiner Mischung aus Taubstummensprache und Pantomime auch für sprachunkundige Touristen sehr interessant. *Ismailowskij bl. 39/41, Tel. 163 81 50, Metro: Pjerwomajskaja*

Insider Tipp **Theater des jungen Zuschauers (Teatr junowo sritelja, Tjus)** **[117 D4]**
Ursprünglich hatte dieses Theater die Konzeption, Klassiker für Kinder aufzubereiten und Kinderstücke auf die Bühne zu bringen. Nun ist es aber in den letzten Jahren unter der Intendanz von Genrietta Janowskaja zu einem der besten Moskauer Theater avanciert.

Von der Novelle »Hundeherz« von Michail Bulgakow wurde eine Bühnenfassung erstellt, die mit großem Erfolg auch bei vielen Gastspielen lief. Das Stück »Good bye America!«, ein Musical, können Sie auch ohne Sprachkenntnisse verstehen. *Manonowskij per. 10, Tel. 299 53 60, Metro: Majakowskaja, Puschkinskaja (genau zwischen den beiden Stationen, in einer Seitenstraße der Twerskaja)*

Zentrales Puppentheater (Zentralnyj teatr kukol) **[117 F3]**
Leiter des Theaters ist der berühmte Puppenspieler Sergej Obraszow. Das Puppentheater ist auch ohne Russischkenntnisse zu genießen, da alle Akteure eine Phantasiesprache mit vielen Internationalismen sprechen. Es gilt als bestes Puppentheater der Welt. *Ul. Sadowaja-Samotjotschnaja 3 a, Tel. 299 33 10, Metro: Zwetnoj Bulvar*

ZIRKUS

★ Seit der Renovierung des alten Zirkus haben die Moskauer die Möglichkeit, sich an zwei Orten von Tierdressuren, Clowns und Akrobaten unterhalten zu lassen. Der Zirkus ist meist ausverkauft, obwohl in dem neuen Gebäude auf den Sperlingsbergen 3300 Plätze sind. Altes Gebäude: **[117 F3]** *Zwetnoj bl. 13, Metro: Zwetnoj Bulwar,* neues Gebäude: **[U B4]** *pr. Wernadskowo 7, Metro: Uniwersitet*

Die Moskauer lieben ihren Zirkus

Auf Entdeckungstour zwischen Kunst und Kommerz

Die Spaziergänge sind in der Karte auf dem hinteren Umschlag und im Cityatlas ab Seite 114 grün markiert

1 AUF DEN SPUREN DER RUSSISCHEN KUNST

Auf diesem Spaziergang, der einige Museumsbesuche miteinschließt, lernen Sie die reiche russische Kunst von der Ikonenmalerei bis zu modernen Werken der heutigen Zeit kennen. Mit den Museen sollten Sie dafür einen halben Tag, sicherlich vier bis fünf Stunden einplanen.

Auf der kleinen Halbinsel zwischen Moskwa und dem Wodootwodnyj-Kanal gegenüber dem Kreml beginnt dieser Spaziergang. Hier im *Bolotnaja Ploschadj*, einem kleinen Park unterhalb der großen Steinbrücke, stellen bei schönem Wetter Moskauer Künstler aus. Inmitten der Anlage befindet sich das Denkmal von Ilja Repin (1844 bis 1930), dem bedeutendsten Vertreter der russischen realistischen Malerei. Er weist den Weg in die *Tretjakow-Galerie*. Sie gehen über die kleine Fußgängerbrücke des Kanals in den Stadtteil *Samoskworetsche*. Insider Tipp

Das Außenministerium wurde 1952 kurz vor Stalins Tod fertig gestellt

In eine Schleife der Moskwa eingebettet liegt das alte Kaufmannsviertel, das früher kurz Saretsche – jenseits des Flusses – genannt wurde. In Samoskworetsche mischen sich Stile und Lebensweisen mehrerer Jahrhunderte. Das macht das Viertel malerisch und fremdartig zugleich. Es ist der Stadtteil Moskaus, der sein ursprüngliches Aussehen am stärksten bewahrt hat. Hier trifft noch zu, was Walter Benjamin bei seinem Moskaubesuch in den Zwanzigerjahren schrieb: »Mit Moskaus Straßen hat es eine eigentümliche Bewandtnis, das russische Dorf spielt in ihnen Versteck.«

Einst siedelten hier Tataren. Strelitzen, die »Musketiere« des Zaren, kamen im 17. Jh. hinzu, Handwerker gingen ihren Tätigkeiten nach. Erst als Peter der Große Petersburg zur Hauptstadt ernannte, bauten hier vermehrt Kaufleute ihre Häuser. Im 19. Jh. entstanden die ersten Fabriken, mehrere Kirchen, die Kremlmauer und einige

de. Zurück auf dem Arbat führt der weitere Weg in die Bolschoj Nikolopeskowskij pereulok.

Auf der linken Seite dieser Gasse (Nr. 11) finden Sie das *Skrjabin-Museum.* In der Wohnung, in der der Komponist Alexander Skrjabin (1872–1915) starb, ist alles wie zu seinen Lebzeiten belassen. Hier werden regelmäßig kleine, aber sehr feine Konzerte gegeben.

Am Ende der Gasse führt der Spaziergang auf den Nowyj Arbat, den Sie unterqueren, um auf der anderen Seite in die Borisoglebskij pereulok einzubiegen. Haus Nr. 6 wurde erst vor ein paar Jahren ein Museum für die Dichterin *Marina Zwetajewa* (1892–1941) *(S. 51).* Das Gebäude hatte ihr ihr Vater, Direktor des Puschkin-Museums für bildende Künste, großzügig zur Hochzeit geschenkt.

Nur ein paar Schritte sind es von hier in die Malaja Moltschanowka Nr. 2. Der Dichter Michail Lermontow (1814–1841) lebte in dem Holzhaus drei Jahre, während er an der Moskauer Universität studierte. Hier entstanden viele seiner Gedichte.

Die Bolschoj Rschewskij Pereulok führt zur Bolschaja Nikitskaja und direkt auf die *Kirche der Großen Auferstehung* (Insider Tipp) aus dem 19. Jh. zu, in der sich Puschkin und Natalja Gontscharow trauen ließen. Dahinter in der Malaja Nikitskaja 6/2: eine prachtvolle Jugendstilvilla, die *Villa Rjabuschinskaja.* (Insider Tipp) Stalin stellte sie dem Schriftsteller Maxim Gorkij zur Verfügung, nachdem dieser 1931 – nach langjähriger Emigration – reumütig in die Sowjetunion zurückgekehrt war. 1936 starb Gorkij hier, heute als *Gorkij-Wohnhaus (S. 45)* zu besichtigen.

3 VOM HANDELSVIERTEL KITAJGOROD ZU DEN SHOPPINGMEILEN

Zwei Stunden und mehr können Sie auf diesem Weg von den alten Handelsreihen über die frühen Luxuseinkaufsmeilen zum neuen Einkaufszentrum flanieren.

Der Spaziergang beginnt am Kaufhaus *GUM (S. 69)* und an den hundert Jahre alten Handelsreihen am *Roten Platz.* Von der Iljinkaja uliza, im 19. Jh. mit ihren Bankhäusern und Handelskontoren das kommerzielle Herz Moskaus, durchqueren Sie das GUM zur Nikolskaja uliza. Schon zum Ende des 12. Jhs. siedelten hier Händler und Kaufleute, die den Zarenhof belieferten. Im Innenhof von Nr. 7 finden sich Reste des *Sajkonospasskij-Klosters* aus dem 15. Jh. Vom 17. bis ins 19. Jh. hinein lehrte hier die erste höhere Lehranstalt Russlands, die Slawisch-Griechisch-Lateinische Akademie, an der auch der spätere Gründer der Moskauer Universität, Michail Lomonossow, studierte. Von den Bauten des Klosters sind neben der im 17. Jh. errichteten Kathedrale nur ein Wohngebäude aus dem 17. Jh. und die ehemalige Schule von 1822 erhalten. Im Haus Nr. 15, einem blauen Gebäude im gotischen Stil, befand sich die *Synodaldruckerei.* Im Hof der einstigen Druckerei stehen noch zwei Gebäude aus dem 17. Jh., die zum Kaiserlichen Druckereihof gehörten. In deren Vorgängergebäude wurde 1564 das erste Buch Russlands gedruckt: die »Apostelgeschichte«. Heute können Sie hier ausgiebig im Historischen Archiv stöbern.

Kusnetzkij Most: Haute Couture vor der Revolution – und heute wieder

Das Nebengebäude beherbergte das berühmteste Moskauer Restaurant *Slawjanskij Basar*, in dem vor hundert Jahren die Größen der russischen Kultur speisten. Nach einem Brand 1993 hat das Restaurant leider noch nicht wieder eröffnet.

Die Nikolskaja führt auf den Ljubjanka Platz. An der Ecke zum Platz wurde 1999 ein postmodernes Handels- und Einkaufszentrum errichtet. Gegenüber thront majestätisch das berüchtigte Hauptgebäude der KGB, die Ljubjanka. Mit der Straßenunterführung unterqueren Sie nun den Teatralnyj projesd und kommen direkt am *Detskij Mir (S. 69)*, dem ehemaligen Kinderkaufhaus, wieder ans Tageslicht. Hinter dem Kaufhaus biegen Sie in die Bolschaja Ljubjanka ein, anschließend in die zweite Straße links, die *Kusnetzkij Most* (Schmiedebrücke).

Bis zur Oktoberrevolution befand sich die Straße fest in der Hand der Haute Couture. Auch der Juwelier des Zaren Fabergé bot hier seine Kunstwerke an. Langsam kehren die eleganten Läden zurück: Gegenüber von Fabergé eröffnete eine Dependance von Cartier, daneben Versace und wiederum auf der anderen Straßenseite Valentino. Weiter unten finden Sie eine exklusive Boutique von Christian Lacroix.

Rechts geht es nun in die Neglinnaja uliza, dann betreten Sie sofort links die *Petrowskij Passasch (S. 69)*, eine der elegantesten Einkaufspassagen Moskaus. Auf der anderen Seite, in der Petrowka, verlassen Sie die Einkaufspassage wieder. Die Petrowka erhielt ihren Namen von dem 1380 gegründeten Wysoko-Petrowskij-Kloster, dessen Glockenturm in nördlicher Richtung auf einer Anhöhe zu sehen ist. Gegenüber das *Museum für moderne Kunst (S.47)*. Wenn Sie die Petrowka ein Stück in Richtung Kloster hinaufgehen, sehen Sie linker Hand das kleine, im russischen Bauernstubenstil gehaltene *Schury-Mury (S. 63)*. Hier können Sie den Spaziergang mit einem guten, preiswerten Essen beenden. Insider Tipp

Klöster, Dichterdorf und Künstlerkolonie

Außerhalb von Moskau beginnt ein ganz anderes Russland

ZUM LANDSITZ DES MÄZENS SAWWA MAMONTOW

[125 D1] Anreise mit dem Vorortszug vom Jaroslawer Bahnhof (Metro: Kommsomolskaja) in knapp 1-stündiger Fahrt (etwa 55 km). An der Station Abramzewo – drei Stationen vor Sergijew Posad – aussteigen, dann schließt sich ein halbstündiger Spaziergang durch den Wald an (Laternen begleiten den Weg und lassen ihn erkennen). Oder mit dem Auto über den Prospekt Mira und die Jaroslawer Schossee.

Sawwa Mamontow war weder Maler noch Sänger, noch Schauspieler und auch kein Dichter, aber er liebte die Künste und hatte eine besondere Begabung, sie zu fördern. 1870 erwarb der Industrielle den Landsitz Abramzewo, der zur Keimzelle der russischen Kunst des ausgehenden 19. Jhs. wurde. In den Holzhäusern trafen sich die Maler Ilja Repin, Michail Wrubel, Wassilij Polenow, Viktor Wasnezow und Valentin Serow. Auch der Regisseur Konstantin Stanislawskij und der Sänger Fjodor Schaljapin gingen hier ein und aus, denn Mamontow hatte zudem noch die Moskauer Privatoper gegründet, mit der er 1885 den Alleinanspruch des Zaren auf Musiktheater durchbrach. Um das Haupthaus herum ließ der Mäzen kleine Holzhäuser errichten, in denen die Künstler für mehrere Wochen wohnen konnten. Das Haupthaus ist heute noch in der originalen Einrichtung und mit den persönlichen Gegenständen des Mäzens ausgestattet. Ein kleines Theater entstand damals, ebenso verschiedene Werkstätten. Auch eine Nachbildung der Nowgoroder Kathedrale wurde gebaut, deren Ikonen Repin, Wasnezow und Polenow malten. Märchenmaler Wasnezow entwarf außerdem das eigentümliche »Häuschen auf Hühnerbeinen«. Sawwa Mamontow war nicht nur Finanzier, er bildete den lebendigen Mittelpunkt dieser illustren Gesellschaft. Und: Er komponierte, musizierte und agierte als Schauspieler. Die ganze Anlage, die sich in einem schönen, weitläufigen Park befindet, ist heute ein *Museum (Mi–So 11–17 Uhr).*

Insider Tipp

Insider Tipp

Die Klosteranlage Sergijew Posad zählt seit 1993 zum Welterbe der Unesco

MOSKAUS PALÄSTINA

[124 A3] Etwa 60 km westlich von Moskaus Zentrum entfernt liegt Istra, die Perle der Moskauer Vororte – in ökologisch noch relativ reiner Natur. Mit der Elektritschka, dem Vorortzug, fahren Sie vom Rigaer Bahnhof (Metro: Rischskaja) etwa 1 Stunde bis zur Station Neu-Jerusalem. (Mit dem Auto über die Wolokolamskoje Schossee.) Während dieses Ausflugs, der sowohl bei Schnee als auch im Sommer überaus lohnend ist, lernen Sie die Landschaft um Moskau kennen und schätzen.

Patriarch Nikon initiierte im 17. Jh. die größte Kirchenreform der russisch-orthodoxen Kirche. Mit seinem Anspruch der Oberhoheit der Kirche über den Staat kam er mit Zar Alexei ins Gehege. Seine herrische Art brachte ihm viele Feinde ein, aber Patriarch Nikon schuf auch ein großartiges Bauwerk: *Neu-Jerusalem.*

Am Flüsschen Istra, damals noch weit vom Moskauer Zentrum entfernt, kaufte er Land und nannte es das »russische Palästina«. Der Fluss Istra wurde zum Jordan, der Hügel in der Mitte des Gebiets zum Berg Zion.

Patriarch Nikon setzte sich das ehrgeizige Ziel, die Kirche des heiligen Grabes in Jerusalem, das älteste christliche Gotteshaus, nachzuahmen und zu übertreffen. 6000 Leibeigene errichteten ab 1656 das »Bauwerk des Jahrhunderts«, die Auferstehungskathedrale. Eine architektonische Meisterleistung der damaligen Zeit war das Dach der Kathedrale, das mit zahlreichen Fenstern hoch emporragt. Es ist für alle Reisenden, die von Westen nach Moskau kommen, weit sichtbar. »Der Weg ins ferne Land ist lang, und viele können eine Reise über eine so große Entfernung nicht machen«, steht in einer Inschrift am Eingang zur Hauptkathedrale.

Es kamen nicht nur viele Pilger nach Neu-Jerusalem. Auch alle Zaren machten es sich zur Pflicht, das heimische »Heilige Land« zu besuchen. Klöster waren damals bedeutende Verteidigungspunkte zur Abwehr von Feinden, und so erhielt das Kloster Neu-Jerusalem im ersten Jahr der Regierung von Peter dem Großen einen starken Schutzwall: Eine militärische Festung entstand. Unter Zarin Elisabeth wurde die durch einen Brand zerstörte Hauptkirche des Klosters im Stil des Russischen Barock neu aufgebaut.

Im 19. Jh. wuchsen um das Kloster schicke Datschensiedlungen der Moskauer Intelligenz. Auch Anton Tschechow verbrachte oft die Sommer in dieser Gegend, die ihn zu seinem Drama »Der Kirschgarten« inspirierte.

Die Revolution konnte dem Kloster nichts anhaben, es blieb unversehrt. Doch 1941 zerstörten und plünderten die deutschen Truppen die Anlage. Jahrzehntelang wurde restauriert. Eine Museumsausstellung (Gemälde, Waffen und Porzellan) etablierte sich in den Räumen *(Di–So 10–17.30 Uhr, letzter Fr im Monat geschl.).* Im Park befindet sich ein ethnografisches Freilichtmuseum russischer Holzarchitektur des 17. und 18. Jhs. Ein beeindruckender Komplex, dessen Erkundung Sie mit einem Spaziergang in der Umgebung verbinden können.

AUF DEN SPUREN DES DICHTERS BORIS PASTERNAK

[124 B4] Einen Tag sollten Sie für einen Ausflug nach Peredelkino schon einplanen. 40 km westlich von Moskaus Zentrum entfernt liegt in einem kleinen Tal die Siedlung der Dichter. Vom Kiewer Bahnhof fahren Sie mit der Elektritschka etwa eine halbe Stunde. Einfacher jedoch ist die Fahrt mit dem Auto zu bewältigen.

Anfang der Dreißigerjahre entstand auf Befehl Stalins westlich von Moskau eine Siedlung von Luxusdatschen. Eigentlich bestimmt für Admirale, doch da es genügend gab, bekamen berühmte Literaten diese Sommerhäuser zugewiesen. Seit Ende der Dreißigerjahre wurde in Peredelkino die sowjetische Literatur gemacht: Die Dichter und Schriftsteller lebten in idyllischen Holzhäusern in großzügigen Gärten und ließen sich durch die Ruhe und durch die Natur inspirieren. Auch Boris Pasternak (1890–1960) genoss den Gang durchs freie Feld. Damals galt er als anerkannter Poet und erhielt für sich und seine Familie eine Datscha. Die Jahre des Stalin-Terrors dann überlebte Pasternak zurückgezogen. Als Dichter verstummt, ernährte er sich und seine Familie mit Übersetzungen. Ende der Vierzigerjahre begann er hier in Peredelkino mit seinem Roman »Doktor Schiwago«. Der Roman erzählt die Lebens- und Leidensgeschichte des Arztes und Dichters Juri Schiwago vor dem Hintergrund der Revolution und des Bürgerkriegs. Es ist auch die Geschichte einer unglücklichen Liebe, die autobiografische Züge trägt. Nach Stalins Tod 1953 und dem verheißungsvollen 20. Parteitag 1956 hoffte Pasternak auf eine Veröffentlichung in der Sowjetunion. Doch das war vergeblich. So übergab er das Manuskript einem italienischen Journalisten, der es aus dem Land schmuggelte. Der Verlag Feltrinelli veröffentlichte den Ro-

Pasternaks Datscha in Peredelkino: Hier schrieb er »Doktor Schiwago«

man 1957. Dem Dichter brachte dies Weltruhm und den Nobelpreis, den er nicht annehmen durfte. Eine Hetzjagd begann. Pasternak konnte diese nicht mehr durchstehen. Im Mai 1960 starb er in Peredelkino an Lungenkrebs.

Nach seinem Tod führten seine Angehörigen einen langen Kampf, denn sie wollten die Datscha als Museum erhalten. Erst 1990 gelang es, das Haus zum Insider Tipp *Museum (Do–So 10–16 Uhr, ul. Pawlenko 3)* werden zu lassen: Alles ist dort so erhalten, wie es zu Pasternaks Lebzeiten war: der Schreibtisch, an dem er »Doktor Schiwago« schrieb, das Esszimmer, in dem er Freunde und Kollegen empfing, und das Bett, in dem er sich zur letzten Ruhe legte. Ein lohnenswerter Besuch. Zudem ist es schön, durch die Alleen der Datschensiedlung unter Birken und Tannen zu spazieren. Leider sind in den letzten Jahren viele Datschen von reichen Russen aufgekauft worden, was die Atmosphäre in dem Ort ein wenig veränderte. Nach dem Rundgang, auf dem Weg zurück zum Bahnhof, lohnt ein kurzer Abstecher auf den Friedhof. Hier befindet sich das Grab Pasternaks. Auch die kleine Kirche Christi Verwandlung gegenüber dem Friedhof sollten Sie nicht versäumen. Sie stammt aus dem 15. Jh. und besitzt eine schöne Ikonostase.

KLOSTERTOUR AUFS LAND

[125 D1] Dieser Tagesausflug führt Sie zu dem bedeutendsten Kloster der russisch-orthodoxen Kirche. 70 km nordöstlich von Moskau, auf einer kleinen Anhöhe am Rand der Provinzstadt Sergijew Posad, liegt hinter weißen Festungsmauern das ★ Wallfahrtszentrum. Man erreicht Sergijew Posad mit dem Vorortzug vom Jaroslawer Bahnhof in einer 1-stündigen Fahrt. Oder mit dem Auto über den Prospekt Mira und die Jaroslawer Schossee.

Durch den Torweg, das Heilige Tor, und die dahinter liegende Torkirche an der Ostseite betreten Sie den weiträumigen, trapezförmigen Klosterbezirk. Fresken schmücken die Wände der 1692 erbauten Torkirche. Sie zeigen Szenen aus dem Leben des heiligen Sergij Radoneschskij. Er gründete das Kloster 1340. Der berühmteste russische Ikonenmaler Andrej Rubljow zählte zu seinen Schülern. Noch im 14. Jh. stieg das Kloster zum bedeutendsten Heiligtum (Lawra) des Russischen Reiches auf. (Es gibt vier Lawras, diese sind die bedeutendsten Klöster Russlands.)

Nach dem Tod des heiligen Sergij 1392 errichtete man die Dreifaltigkeitskirche, die älteste der Klosterkirchen, über seinem Grab. Dieses Gotteshaus ist die Anlaufstelle der Pilger, die das Kloster aufsuchen. Die Wände sind mit Fresken verziert, die Ikonostase vereint kostbare Ikonen, einige stammen von Andrej Rubljow.

Eine Besichtigung der Klosteranlage *(Di–So 10–17.30 Uhr, www.musobl.divo.ru)* kommt einem Spaziergang durch sechs Jahrhunderte russischer Baukunst gleich. Rechts vor der Dreifaltigkeitskirche errichteten Poskower Architekten 1476/77 die kleine Heilig-Geist-Kirche, deren hoher Glockenturm auch als Beobachtungsposten diente. Iwan der Schreckliche ließ die größte Kirche auf dem Klostergelände erbauen, die Maria-Himmelfahrts-Kathedrale. Der 1585 (ein Jahr nach dem Tod Iwans) geweihte Sakralbau wurde wie das gleichnamige Vorbild im Moskauer Kreml mit fünf Kuppeln ausgestattet: Im Zentrum glänzt ein goldener Zwiebelturm, der von vier blauen Kuppeln mit goldenen Sternen umrahmt ist. Erst fast hundert Jahre später bemalten Jaroslawer Künstler den Innenraum mit Fresken. Sie zeigen Mariä Himmelfahrt. Die Gräber von Zar Boris Godunow und seiner Familie befinden sich in dieser Kathedrale.

1686–92 wird das barocke Refektorium errichtet. Die rot-gelb-grün-blaue Fassade durchbrechen weiße Säulen, die mit Weintrauben und Ranken bemalt sind. Beeindruckend ist der 70 m lange Saal, der bei Feierlichkeiten von den Zaren und der hohen Geistlichkeit genutzt wurde. Daneben der Palast des Metropoliten. Er macht sich dagegen eher bescheiden aus. Hinter der Maria-Himmelfahrts-Kirche zieht die Brunnenkapelle die Pilger an. Im 17. Jh. mit reich verzierten Säulen über einer heiligen Quelle erbaut, wird das heilige Wasser bis heute getrunken und in Gefäßen weggetragen. Daneben ragt 87 m hoch ein frei stehender Glockenturm auf. Mit seiner goldenen Krone und einem goldenem Kreuz gilt er als der schönste Russlands. Im ehemaligen Spital ist das Klostermuseum untergebracht, das neben einer Ausstellung über die Geschichte des Klosters auch Ikonen und Kunsthandwerk sowie Steinmetzarbeiten, Holzschnitzereien und Webarbeiten zeigt.

Nicht nur Touristen und Pilger beleben das Klostergelände, sondern auch junge Geistliche, die hier ihre Ausbildung vollenden oder Seminare machen. An hohen kirchlichen Feiertagen kommen viele Gläubige nach Sergijew Posad.

Pilgerziel Brunnenkapelle über der heiligen Quelle

Angesagt!

Events, Meetings und Aktionen, die Sie kennen und nicht verpassen sollten

Kino nostalgisch
Überall in Moskau gibt es supermoderne Kinos, die amerikanische und europäische Filme zeigen, doch der Trend geht in eine andere Richtung: In Ermangelung guter neuer russischer Filme (die russische Filmindustrie hat eine schlechte Phase) schaut man sowjetische Filme mit viel Romantik und Patriotismus. Nostalgie pur ist Kult! Die heute über 20-Jährigen haben etwas nachzuholen von den Zeiten, die sie nicht kennen. Spezialisiert auf diese Filme sind: *Illusion, Kotelnitscheskaja nab. 1/15, Metro: Kitaj Gorod, und Musej Kino im Kinozentrum.*

Bücher stöbern
Wer in Moskau heute Geld verdient, hat tagsüber keine Zeit. So geht man nachts los, aber nicht nur in Cafés und Clubs, sondern auch Bücher schmökern. Die Russen sind ein Volk von Viellesern: Die beiden beliebtesten Plätze dafür: das *Café O.G.I (Pjatnizkaja 29/2, Eingang von der Klimentowskij per., Metro: Tretjakowskaja)* und das *Projekt O.G.I. (Potapowskij per. 8/12, Geb. im Hinterhof, Metro: Tschistyje Prudy).* Man kann sitzen und bis morgens um sechs in Büchern schmökern oder welche kaufen, dazu etwas trinken oder im Projekt O.G.I auch tanzen und Musik hören.

Saxofonist zum Anfassen
Die Moskauer Clubszene ist noch sehr jung und sehr dynamisch. Man findet jede Art von Musik und Ambiente. Der absolute Star, den alle hören wollen, ist Anatolij Gerassimow. In den Siebzigerjahren emigrierte er nach New York, spielte mit Duke Ellington und anderen Jazzgrößen. Nun ist er zurück und gibt Konzerte in verschiedenen Clubs. Am häufigsten tritt er im *Kitajskij Ljotschik Dschao Da* auf *(Lubjanskij projesd 25, Metro: Kitaj Gorod).*

Diskonächte auf der Moskwa
Samstagnacht mit dem Schiff auf der Moskwa. Der DJ legt auf: von Techno bis Chill-Out. Es wird getanzt, getrunken, und es ist immer voll. Natürlich nur im Sommer! *Abfahrt 22.45 Uhr Park Kultury, 1 Uhr, 3 Uhr Hotel Rossija.*

Von Anreise bis Zoll

Hier finden Sie kurz gefasst die wichtigsten Adressen und Informationen für Ihre Moskaureise

ANREISE

Bahn
Züge aus Westeuropa kommen am *Belorusskij Woksal* (Weißrussischer Bahnhof) an. Die Bahnfahrt ist preiswert, dauert jedoch z. B. von Berlin rund 26 Stunden.

Flugzeug
Internationale Flüge landen auf dem Flughafen Scheremetjewo II, 40 km nordwestlich des Zentrums.

Die Taximafia am Flughafen verlangt horrende Preise. Bestellen Sie lieber einen Wagen an einem der Serviceschalter. Oder wechseln Sie am Bankschalter Rubel, und steigen Sie in den *Linienbus 851*, der unterhalb des Ankunft-Ausgangs abfährt. Er bringt Sie bis zur Metrostation *Retschnoj Woksal*. Von dort kommen Sie schnell ins Zentrum.

AUSKUNFT VOR DER REISE

Russlandinfo
Eisenacher Str. 11, 10777 Berlin, Tel. 030/78 60 00 40, Fax 78 60 00 41, www.russlandinfo.de

Russische Botschaft in Deutschland
Unter den Linden 63-65, 10117 Berlin, Tel. 030/229 11 10, Fax 229 93 97

Generalkonsulate Russlands in Deutschland
– Behrenstr. 66, 10117 Berlin, Tel. 030/229 12 07
– Am Feenteich 20, 22085 Hamburg, Tel. 040/229 53 01, Visaabteilung: 227 63 80
– Seidlstr. 28, 80335 München, Tel. 089/59 25 03, 59 25 28
– Kickerlingsberg 18, 04105 Leipzig, Tel. 0341/585 18 76

Russische Botschaft in Österreich
Reisnerstr. 45–47, 1030 Wien, Tel. 01/712 12 29, Fax 712 33 88

Russisches Konsulat
Bürgelsteinstr. 2, 5020 Salzburg, Tel. 0662/62 41 84, Fax 621 74 34

Russische Botschaft in der Schweiz
Brunnadernrain 37, 3006 Bern, Tel. 031/352 05 66 Fax. 352 55 95

Die Konsularabteilungen sind nur vormittags geöffnet.

AUSKUNFT IN MOSKAU

Moskau hat keine offizielle Touristeninformation, doch in den großen Hotels gibt es eine Concierge oder ein Servicebüro, die Ihnen gerne helfen.

BANKEN & GELDWECHSEL

Geldumtausch ist überall möglich. Es gibt viele Wechselstuben, und in jedem Hotel können Sie auch Geld wechseln.

Geldautomaten stehen im Zentrum an verschiedenen Orten.

€	Rubel
1	34,33
2	68,65
3	102,98
4	137,30
5	171,63
7	240,28
8	274,61
9	308,94
10	343,26

Rubel	€
10	0,29
20	0,58
25	0,73
30	0,87
40	1,17
50	1,46
70	2,04
80	2,33
90	2,62

DIPLOMATISCHE VERTRETUNGEN

Botschaft der Bundesrepublik Deutschland **[U A4]**
Mosfilmowskaja 56, Tel. 937 95 00, Fax 938 23 54, www.germany.org.ru, Visa- und Konsularabteilung: **[U C4]**, *Leninskij pr. 95a, Tel. 933 43 11, Fax 936 21 43*

Botschaft der Republik Österreich **[121 D2]**
Starokonjuschennyj per. 1,
Tel. 201 73 07, Fax 201 21 69

Botschaft der Schweiz **[118 C4]**
Ogorodnoj Slobody per. 2/5,
Tel. 258 38 30, Fax 200 17 28

EINREISE

Zur Einreise braucht man einen mindestens noch zwei Monate gültigen Reisepass und ein Visum. Das Visum erteilen die Botschaft und die Visaabteilungen der Konsulate Russlands. Visa für Dreitagesreisen (mit vorzulegender Hotelreservierung) gibt es jetzt für ca. 35 Euro am Flughafen.

Bei der Einreise füllt man eine Zolldeklaration aus, bei der Ausreise eine zweite. Beide müssen zur Ausreise vorgelegt werden. Wenn Sie Geld einführen, gehen Sie durch den roten Korridor, und lassen Sie die Zollerklärung abstempeln!

GESUNDHEIT

Um ein Visum zu bekommen, muss man eine Auslandskrankenversicherung nachweisen.

Im Falle der Erkrankung **[117 D5]**
European Medical Center, 24 Std. Bereitschaft, Spiridonewskij per. 5, Tel. 933 66 55, Metro: Puschkinskaja

Zahnärztliche Hilfe **[U E3]**
German Dental Clinic, tgl. 9 bis 20 Uhr, Wolotschajewskaja ul. 2, K. 1, Tel. 737 44 66, www.Germandentalcenter.ru, Metro: Ploschadj Iljitscha

Apotheken
Apteka **[117 D4]**
24-Stunden-Dienst, Twerskaja 25
Farmakon **[114 B2]**
Twerskaja 4, Tel. 292 87 70, Mo–Sa 8.30–20 Uhr
In der *Petrowskij-Passage* gibt es im 1. Stock eine deutsche Apotheke **[117 F4]**: *Petrowka ul. 10*

INTERNET

www.russlandinfo.de
Deutsche Website des russischen

Fremdenverkehrsamtes

www.moskau.ru
Deutsche Internetzeitung, die in Moskau gemacht wird.

www.mdz-moskau.de
Moskauer Deutsche Zeitung

www.whererussia.com
Englischsprachige Website eines Monatsmagazins mit Veranstaltungstipps

www.moscow-guide.ru
Offizielle Website des Moskauer Touristenverbandes auf Englisch

www.moscowtimes.ru
Website der gleichnamigen englischsprachigen Tageszeitung

www.afisha.ru
Russische Website des gleichnamigen monatlich erscheinenden Veranstaltungsmagazins

www.goethe.de
Das Goethe-Institut in Moskau informiert umfassend über kulturelle Ereignisse in der Hauptstadt.

INTERNETCAFÉS

Image.ru [117 D2]
Internetcafé mit 60 PCs, direkt an der Metro gelegen. *Tgl. 9–24 Uhr, ul. Nowoslobodskaja 16, www.image.ru, Metro: Nowoslobodskaja, Mendelejewskaja*

Netcity [122 C6]
Modern, stylish und günstig. Gut ausgestattete Plätze und nettes Frühstückscafé. *Tgl. 10–24 Uhr, Pawelezkaja pl. 1, www.netcity.ru, Metro: Pawelezkaja*

Time Online [114 C3]
Nicht nur gut, um die Post abzuholen oder zu surfen, auch Kontakte sind rasch geknüpft. 200 schnelle PCs. *Tgl. 10–24 Uhr, Maneschnaja pl. 1, Galerie Ochotnyj Rjad, unterste Etage, www.timeonline.ru, Metro: Ochotnyj Rjad*

ÖFFENTLICHE VERKEHRSMITTEL

Die Metro fährt von morgens 6 Uhr bis nachts 1 Uhr. Die *Tschas Pik*, die Hauptverkehrszeit, ist morgens zwischen 7 und 9 Uhr und abends zwischen 18 und 20 Uhr, da sollten Sie die Metro möglichst meiden, sie ist dann drückend voll.

An der Kasse im Vorraum erwerben Sie Karten. Diese werden an den Schranken, an denen rotes Licht leuchtet, eingesteckt. Wenn das grüne Licht aufleuchtet: schnell hindurchgehen, sonst schlägt eine Eisenschranke an Ihre Beine, das Gleiche geschieht übrigens Schwarzfahrern. Mit einem Fahrschein können Sie beliebig lange fahren und umsteigen.

Die Busse verkehren von 5 Uhr morgens bis 2 Uhr nachts. Im Bus und der Straßenbahn kaufen Sie die Fahrkarten (*Talony*) beim Schaffner oder im 10er-Block in den Gängen der Metro; da es meist voll ist, reichen Sie einfach das Geld weiter Richtung Schaffner. Irgendwann kommt der Fahrschein zurück, der dann am Entwertungsautomaten gelocht werden muss.

POST

Für westliche Besucher ungewohnt, finden Sie in einigen Hotels kleine Postämter.

PREISE

Auch wenn der durchschnittliche Moskauer nur etwa 200 Euro monatlich verdient, sind die Preise in der Stadt nicht etwa günstig, sondern westlichen Standards angepasst. Grundsätzlich ist zu den doch hohen Preisen zu sagen: Sie ändern sich ständig!

REISEZEITEN

Bis auf den März und Oktober/November, wenn feucht-kaltes Matschwetter herrscht, sind alle Reisezeiten für Moskau günstig. Im Sommer kann es sehr heiß, im Winter sehr kalt werden.

SICHERHEIT

Moskau ist nicht so unsicher, wie es scheint. Wenn man sich als Ausländer im Zentrum aufhält, ist es nicht gefährlicher als in jeder anderen europäischen Großstadt. Zu meiden sind Bahnhöfe und dunkle Gegenden am Stadtrand. Taxis nicht mit anderen Fahrgästen teilen!

SPRACHE

Das russische Alphabet beruht auf der Kyrilliza, die auf den Apostel Kyrill (826–86) zurückgeht. Unter Peter dem Großen und nach der Revolution wurde das Alphabet vereinfacht. Es umfasst heute 33 Schriftzeichen.

STADTRUNDFAHRT

Bei einer Pauschalreise hat man auch gleich eine Stadtrundfahrt mitgebucht, um einen ersten Überblick zu bekommen. Als Einzelreisender kann man eine Stadtrundfahrt über das Servicebüro des Hotels buchen. Es ist auch möglich, gegen entsprechende Bezahlung eine individuelle Stadtrundfahrt in einem Privatauto mit selbst gewählter Route zu bestellen. *(Tel. 193 41 88, www.moscowguide.car.*

ru). Exkursionen können Sie über folgendes Büro buchen: *Intour Service Travel, Nikitskij per. 4 A, tgl. 9–21 Uhr, Tel. 203 80 16, Metro: Ochotnyj Rjad*

STROM

In der Regel beträgt die Netzspannung 220 Volt. Ein Adapter ist nicht notwendig.

TAXI

Offizielle Taxis sind knallgelb. Sollte es Ihnen gelingen, eins durch Winken zum Halten zu bringen, heißt das noch lange nichts. Es kann sein, dass der Taxifahrer ein anderes Ziel hat als Sie und kopfschüttelnd weiterfährt, oder aber er fängt an, über den Preis zu verhandeln.

Einige Hotels bieten einen Taxiservice. Aber Vorsicht: Im Hotel Metropol kostet jede angefangene Stunde 20 Dollar! Vom Hotel Baltschug fahren Taxis ab 10 Dollar die Stunde los, jedoch nur im innersten Ringbereich, danach wird es teuer. Wenn Sie Zeit haben, ist es immer günstiger, ein Taxi auf der Straße anzuhalten oder die Metro zu benutzen. *Telefonische Taxibestellung: 238 10 01, 212 47 03, 204 15 15, 939 86 44*

TELEFON & HANDY

Von öffentlichen Telefonzellen können Sie nur mit Telefonkarte telefonieren. Sie werden an den Kassen der Metro gekauft. Auch Gespräche ins Ausland sind möglich. Informationen über die günstigsten Verbindungen bei: *www.budgetcalls.ru, Tel. 253 99 02.* Von Hotels ins Ausland zu telefonieren ist sehr teuer.

Was kostet wie viel?

Kaffee	**80 Cent** in der Stehbar für eine Tasse Espresso
Eis	**1,50 Euro** für zwei Kugeln Eis
Wein	**1,50 Euro** für ein Glas Wein
Wasser	**1 Euro** für Mineralwasser/Cola
Bliny	**1 Euro** für den Snack
Metro	**20 Cent** für eine Fahrkarte

Handys funktionieren problemlos, sie schalten um auf die Moskauer Anbieter MTS und B-Line. Mit dem Handy ist es sehr teuer, ins Ausland zu telefonieren: pro Minute 6 Euro.

Durchwahlnummer nach Deutschland: *810 49*, in die Schweiz *810 41*, nach Österreich *810 43*. Vorwahl nach Moskau: *00 70 95*.

In allen Hotels mit westlichem Standard gibt es Businesscenter. Sie können Faxe und E-Mails schicken und bekommen.

Vom zentralen Telegrafenamt an der Twerskaja ist es möglich, Faxe, Telexe und Telegramme zu schicken. *Twerskaja 7, 24 Std. geöffnet*

THEATERKARTEN

Theater- und Konzertkarten sind am besten über das Servicebüro im Hotel erhältlich. Gute Chancen, noch Karten zu bekommen, haben Sie auch eine halbe Stunde vor Vorstellungsbeginn vor den Theatern.

TRINKGELD

In den Restaurants wird ein Trinkgeld von 10 bis 15 Prozent erwartet. Die Garderobe in Restaurants und Theatern ist kostenlos, die dort arbeitenden Garderobieren, zumeist Rentnerinnen, freuen sich jedoch über ein Trinkgeld.

ZEIT

Die Moskauer Zeit ist unserer um zwei Stunden voraus – auch im Sommer, da die Umstellung zur gleichen Zeit erfolgt.

ZEITUNGEN

In Hotels liegen gratis die englischsprachigen »The Moscow Times« und »The Moscow Tribune« aus, die täglich erscheinen. Die Freitagsausgabe enthält einen Veranstaltungskalender für die folgende Woche. Monatlich erscheint »Where Moscow«. Deutsche Zeitungen und Zeitschriften bekommen Sie in vielen großen Hotels.

ZOLL

In der Zolldeklaration sollen Sie die mitgeführten Devisen angeben. Gold, Silber und andere Edelmetalle müssen deklariert werden, um sie ausführen zu dürfen. Nicht eingeführt werden dürfen Rubel, Waffen, Drogen und Pornografisches.

Kaviar bis 250 g und Alkohol bis 1,5 l pro Person dürfen Sie ausführen, Antiquitäten und Kunstgegenstände aber nur mit einem Vermerk des Kultusministeriums. In die EU dürfen Sie zollfrei einführen: Waren im Wert von 175 Euro, 50 g Parfüm, 0,25 l Toilettenwasser, 200 Zigaretten (oder 50 Zigarren oder 250 g Tabak), 2 l Wein und 1 l Spirituosen.

Wetter in Moskau

	Jan.	Feb.	März	April	Mai	Juni	Juli	Aug.	Sept.	Okt.	Nov.	Dez.
Tagestemperaturen in °C	–7	–6	0	9	17	22	24	22	16	8	0	–5
Nachttemperaturen in °C	–14	–13	–8	0	6	11	13	12	7	1	–4	–10
Sonnenschein Std./Tag	1	2	4	5	8	9	9	7	4	2	2	1
Niederschlag Tage/Monat	8	7	8	7	8	9	11	11	10	9	9	8

Ты говоришь по-русски?

»Sprichst du Russisch?«
Dieser Sprachführer hilft Ihnen, die wichtigsten Wörter und Sätze auf Russisch zu sagen

Zur Erleichterung der Aussprache sind alle russischen Wörter mit einer einfachen Aussprache (in der mittleren Spalte) versehen. Die betonte Silbe ist im Russischen und in der Aussprache immer durch ein Akzentzeichen ' markiert. Der Buchstabe »y«in der Aussprache wird wie ein »u« ausgesprochen, wobei die Lippen nicht gerundet, sondern wie beim »i« gespannt werden.

AUF EINEN BLICK

Ja./Nein.	da./njet.	Да./Нет.
Bitte.	paschálsta.	Пожáлуйста.
Danke.	spassíba.	Спасúбо.
Nichts zu danken.	njé-sa-schta.	Hé за что.
Verzeihung!	prastítje!	Простúте!
Wie bitte?	iswinítje, kak wy skasáli?	Извинúте, как Вы сказáли?
Ich verstehe Sie nicht.	ja was ni-panimáju.	Я Вас не понимáю.
Ich spreche nur wenig …	ja gawarjú tólka nimnóga …	Я говорю́ тóлько немнóго ...
Können Sie mir bitte helfen?	wy móschytje pamótsch mnje?	Вы мóжете помóчь мне?
Ich möchte …	ja chatschú …	Я хочу́ ...
gut/schlecht	charaschó/plócha	хорошó/плóхо
Haben Sie …?	u-was jest …?	У Вас есть ...?
Wie viel kostet es?	skólka éta stóit?	Скóлько э́то стóит?
Wie viel Uhr ist es?	katóry tschas?	Котóрый час?
Wo ist hier die Toilette?	gdje sdjes tualét?	Где здесь туалéт?

KENNENLERNEN

Guten Morgen!	dóbraje útra!	Дóброе у́тро!
Guten Tag!	dóbry djen!	Дóбрый день!
Guten Abend!	dóbry wjétschir!	Дóбрый вéчер!
Seien Sie gegrüßt!	sdrástwujtje!	Здрáвствуйте!
Willkommen!	dabró paschálawat!	Добрó пожáловать!

Wie geht es Ihnen?	kak u-was dilá?	Как у Вас делá?
Wie geht es dir?	kak u-tibjá dilá?	Как у тебя́ делá?
Danke.	spassíba.	Спаси́бо.
Und Ihnen/dir?	a u-was/u-tibjá?	А у Вас/у тебя́?
Auf Wiedersehen!	da-swidánija!	До свидáния!
Tschüss!	paká!	Покá!

UNTERWEGS

Auskunft

links/rechts	naljéwa / napráwa	налéво / напрáво
geradeaus	prjáma	пря́мо
nah/weit	blíska / dalikó	бли́зко / далекó
Bitte, wo ist …?	skaschýtje, paschálsta, gdje …?	Скажи́те, пожáлуйста, где ...?
Gehen Sie über …	pirijdítje …	Перейди́те ...
… die Brücke.	… most.	... мост.
… die Straße.	… úlizu.	... у́лицу.
Wie weit ist das?	kak éta dalikó?	Как э́то далекó?

Unfall

Hilfe!	pamagítje!	Помоги́те!
Achtung!	wnimánije!	Вни́мáние!

Alphabet und Umschrift

Kyrillischer Buchstabe		Transkription	Transliteration
А	а	a	
Б	б	b	
В	в	w	v
Г	г	g	
Д	д	d	
Е	е	e/je	
Е	е	jo	
Ж	ж	sch	ž
З	з	s	z
И	и	i	
Й	й	j	
К	к	k	
Л	л	l	
М	м	m	
Н	н	n	
О	о	o	
Р	р	r	
П	п	p	

Kyrillischer Buchstabe		Transkription	Transliteration
С	с	s	
Т	т	t	
У	у	u	
Ф	ф	f	
Х	х	ch	h
Ц	ц	z	
Ч	ч	tsch	č
Ш	ш	sch	š
Щ	щ	schtsch	šč
Ъ	ъ »harte« Aussprache		
Ы	ы	y	
Ь	ь »weiche« Aussprache		
Э	э	e	
Ю	ю	ju	
Я	я	ja	

In diesem Band finden Sie zwei Arten der Umschrift: für den Text die in nichtwissenschaftlichen Büchern übliche Transkription, also die lautgerechte Übertragung in das lateinische Alphabet; für die Karten die Transliteration, bei der im kyrillischen Alphabet das so genannte Háček, sprich Hatschek, einen Zischlaut angibt.

Rufen Sie bitte schnell …	wýsawitje býstra …	Вы́зовите бы́стро ...
… einen Krankenwagen.	… skóruju pómaschtsch.	... ско́рую по́мощь.
… die Polizei.	… milízyju.	... мили́цию.
… die Feuerwehr.	… paschárnuju kamándu.	... пожа́рную кома́нду.

ESSEN & TRINKEN

Wo gibt es hier ein gutes Restaurant?	gdje sdjes charó-schy ristarán?	Где здесь хоро́ший рестора́н?
Wo gibt es hier ein nicht zu teures Restaurant?	gdje sdjes nidara-gój ristarán?	Где здесь недорого́й рестора́н?
Gibt es hier eine gemütliche Kneipe?	jest sdjes ujútnaje kafjé?	Есть здесь ую́тное кафе́?
Reservieren Sie uns bitte für heute Abend einen Tisch für vier Personen.	sarisirwírujtje nam na-siwódnischnij wjétschir stol na-tschityrjóch tschilawjék, paschálsta.	Зарезерви́руйте нам на сего́дняш-ний ве́чер стол на четырёх челове́к, пожа́луйста.
Auf Ihr Wohl!	sa-wásche sdarówje!	За Ва́ше здоро́вье!
Bezahlen, bitte.	raschtschitájtis sa-mnoj, paschálsta.	Рассчита́йтесь со мной, пожа́луйста.
Hat es geschmeckt?	fkússna býla? wam panráwilas?	Вку́сно бы́ло? Вам понра́вилось?
Es war ausgezeichnet.	býla priwaßchódna.	Бы́ло превосхо́дно.

ÜBERNACHTEN

Können Sie mir ein gutes Hotel empfehlen?	wy ni-passawjétujutje mnje charóschuju gastínizu?	Вы не посове́туете мне хоро́шую гости́ницу?
Können Sie mir eine Pension empfehlen?	wy ni-passawjétujutje mnje tschássny panssión?	Вы не посове́туете мне ча́стный пансио́н?
Haben Sie noch Zimmer frei?	u-was jest swabódnyje namirá?	У вас есть свобо́д-ные номера́?
Ein Einzelzimmer	adnamjéssny nómir	Одноме́стный но́мер
Ein Zweibettzimmer	dwuchmjéssny nómir	Двухме́стный но́мер
mit Bad	s-wánnaj	с ва́нной
für eine Nacht	na-adnú notsch	на одну́ ночь
für eine Woche	na-nidjélju	на неде́лю
Was kostet das Zimmer?	skólka stóit nómir?	Ско́лько сто́ит но́мер?
mit Frühstück?	s-sáftrakam?	с за́втраком?
mit Halbpension?	s-sáftrakam i úschynam?	с за́втраком и у́жином?

PRAKTISCHE INFORMATIONEN

Arzt

Können Sie mir einen guten Arzt empfehlen?	wy móschytje passawjétawat mnje charóschywa wratschá?	Вы мóжете посовéтовать мне хорóшего врачá?
Ich habe hier Schmerzen.	sdjes u-minjá balít.	Здесь у меня́ боли́т.

Bank

Wo ist hier eine Bank/eine Wechselstube?	gdje sdjes bank/punkt abmjéna waljúty?	Где здесь банк/пункт обмéна валю́ты?
Ich möchte … *(Betrag)*	ja chatschú abminját …	Я хочу́ обменя́ть …
… Euro/	…jéwra	… éвро/
… Schweizer Franken/	… schwijzárskich fránkaf/	… швейцáрских фрáнков/
… Dollar	… dóllaraf	… дóлларов
… in Rubel wechseln.	… na-rublí.	… на рубли́.

Post

Was kostet …	skólka stóit atpráwit	Скóлько стóит …
… ein Brief/	… pissmó/	… отпрáвить письмó/
… eine Postkarte	… atkrýtku	… откры́тку
… nach Deutschland?	… w-girmániju?	… в Гермáнию?

ZAHLEN

0	nol	ноль	18	wassimnázat	восемнáдцать
1	adín *m*/ adná *f*/adnó *n*	оди́н/ однá/однó	19	diwitnázat	девятнáдцать
			20	dwázat	двáдцать
2	dwa *m n*/dwjä *f*	два/две	30	trízat	три́дцать
3	tri	три	40	sórak	сóрок
4	tschitýrje	четы́ре	50	pidissját	пятьдеся́т
5	pjat	пять	60	schysdissját	шестьдеся́т
6	schest	шесть	70	sjémdissit	сéмьдесят
7	sjem	семь	80	wóssimdissit	вóсемьдесят
8	wóssim	вóсемь	90	diwinósta	девянóсто
9	djéwit	дéвять	100	sto	сто
10	djéssit	дéсять	200	dwjésti	двéсти
11	adínazat	оди́ннадцать	300	trísta	три́ста
12	dwinázat	двенáдцать	1000	týssitscha	ты́сяча
13	trinázat	тринáдцать	2000	dwjä týssitschi	две ты́сячи
14	tschitýrnazat	четы́рнадцать	10000	djéssit týssitsch	дéсять ты́сяч
15	pitnázat	пятнáдцать			
16	schyssnázat	шестнáдцать	1/2	palawína	полови́на
17	simnázat	семнáдцать	1/4	tschétwirt *f*	чéтверть

Cityatlas Moskau

Die Seiteneinteilung für den Cityatlas finden Sie auf dem hinteren Umschlag dieses Reiseführers

Vierspurige Straße Road with four lanes	4-х полосная автодорога Weg met vier rijstroken
Durchgangsstraße Thoroughfare	Магистральная дорога Weg voor doorgaand verkeer
Hauptstraße Main road	Главная улица Hoofdweg
Sonstige Straßen Other roads	Другие дороги Overige wegen
Einbahnstraße One-way street	Улица с односторонним движением Straat met eenrichtingsverkeer
Fußgängerzone Pedestrian zone	Пешеходная зона Voetgangerszone
Parkplatz Parking place	Парковка Parkeerplaats
Information Information	Информация Informatie
Hauptbahn mit Bahnhof Main railway with station	Главная железная дорога со станцией Belangrijke spoorweg met station
Sonstige Bahn Other railway	Прочая железная дорога Overige spoorweg
U-Bahn Underground	Метро Ondergrondse spoorweg
Straßenbahn - O-Buslinie Tramway - Trolleybus-route	Трамвай - Троллейбус Tram - Trolleybuslijn
Fährlinie Ferry line	Паромная перевозка Veerdienst
Polizeistation - Postamt Police station - Post office	Полицейский участок - Почта Politiebureau - Postkantoor
Krankenhaus Hospital	Больница Ziekenhuis
Denkmal - Jugendherberge Monument - Youth hostel	Памятник - Туристская база для молодёжи Monument - Jeugdherberg
Kirche - Sehenswerte Kirche Church - Church of interest	Церковь - Достопримечательная церковь Kerk - Bezienswaardige kerk
Synagoge - Moschee Synagogue - Mosque	Синагога - Мечеть Synagoge - Moskee
Anlegestelle - Leuchtturm Landing stage - Lighthouse	Пристань - Маяк Aanlegplaats - Vuurtoren
Bebaute Fläche, öffentliches Gebäude Built-up area, public building	Застройка, Общественные здания Bebouwing, openbaar gebouw
Industriegelände Industrial area	Промышленная область Industrieterrein
Park, Wald - Friedhof Park, forest - Cemetery	Парк, лес - Кладбище Park, bos - Kerkhof
Stadtspaziergänge Walking tours	Прогулки по городу Wandelingen door de stad

A
B
C
1
2
3
4
5
117
121
Gimnazija
Leont'ev
skij
Vozneseн
Вознесенский пер.
G. Nizami
Cerkov' Voskresenija Slovuščego na Uspenskom vražke
Eliseevskij per.
Voznesen. per.
per.
Брюсов пер.
Muzej-kvartira V.E.Mejerhol'da
Cerkov' Uspenija Presvjatoj Bogorodicy na Uspenskom vražke
Газетный пер.
Muzej-kvartira N.S.Golovanova
Brjusov
Central'nyj telegraf
vitel'stvo Moskvy
Tverskaja ul.
Hudožestvennyj teatr (MHAT) im. Čechova
Kamergerskij per.
Biblioteka Po iskusstvu
Kuzneckij
ul.
Bol'šaja Dmitrovka
Teatr operetty
Molo teatr
Georgievskij per.
Koncertnyj zal Doma sojuzov
Gosudarstvennaja Duma
Тверская ул.
Никитский пер.
Teatr im.M.N. Ermolovoj
Inturist
Ohotnyj Rjad
Moskva
Nacional
Ohotnyj Rjad
Gazetnyj per.
Nikitskij per.
Bol. Nikitskaja ul.
Konservatorija im. P.I.Čajkovskogo
Бол. Никитская ул.
Sred. Kislovskij per.
Кисловский пер.
Zoologičeskij muzej
Muzej antropologii
Моховая ул.
Manežnaja pl.
Манежная пл.
G. K. Žukovu
Istoričeskij muzej
Vosk
Kremlevskij pr.
Universitet
per.
Vol.
Niž. Kislovskij per.
Kislovskij per.
M. Lomonosovu
Mogila Neizvestnogo soldata
Muzej-kvartira K.A.Timirjazeva
Central'nyj vystavočnyj zal
Manež
sad
Arsenal
Nikol'skaja ul.
Romanov per.
Bol. Kislovskij per.
ul.
Vozdviženka
Манежная
Senatska pl.
Kreml'
Krestovozd.
vіženskij per.
Muzej arhitektury im. Ščuseva
Starovagan'kovskij per.
Aleksandrovskij Sad
Kutaf'ja bašnja
Troickaja bašnja
Troickaja ul.
Rossijskaja gosudarstvennaja biblioteka
ul.
Gosudarstvennyj Kremlevskij Dvorec
Potešnyj dvorec
C.Dvenadcati Apostolov
Biblioteka im. V.I. Lenina
Aleksandrovskij
Uspenskij sobor
Granovitaja palata
Borovickaja
Dvorcovaja
Teremnoj dvorec
Soborna pl.
Oružejnaja palata
Kremlevskij dvorec
Blagovešč sobor
ul.
Znamenka
Mohovaja
Manežnaja
Borovickaja ul.
Tajnickaja bašnja
Mal. Znamenskij per.
Borovickaja pl.
Боровицкая пл.
Borovickaja bašnja
Vodovzvodnaja bašnja
Cerkov' Antipija Pergamskogo na Kolymažnom dvore
ul. Volhonka
Kremlevskaja nab.
Moskva
Kolymažnaja ul.
Lebjažij per.
Sofijskaja
Muzej izobrazitel'nyh
Bol'šoj Kamennyj most
Большой Каменный мост

Most
Naučno-tehničeskaja biblioteka
Cerkov' Sofii Premudrosti Božiej na Sofijke
Kuzneckij Most
pl. Vorovskogo
118
Неглинная ул.
Pušečnaja ul.
Пушечная ул.
ul. Rożdestvenka
ul. Petrovka
CUM
Savoj
Lubjanka
Magazin Detskij Mir
ul. Bol'šaja Lubjanka
3
Lubjanka
A. Ostrovskomu
Malyj teatr
Lubjanskaja pl.
Лубянская пл.
Mjasnickaja ul.
Bol. Zlatoustinsk. per.
Muzej Majakovskogo
Teatral'nyj pr.
Teatral'naja pl.
Lubjanka
Cerkov' Velikomuč. Georgija Pobedonosca v Star. Lučnikah
Metropol
Tret'jakovsk. per.
Kamernyj muzykal'nyj teatr
stena
Никольская ул.
Bol. Čerkas. per.
Mal. Čerkas. per.
Novaja pl.
Politehn. pr.
Politehničeskij muzej
Lubjanskij pr.
Лубянский пр.
2
K. Marksu
Театральная пл.
Kitajgorodskaja stena
Muzej istorii Moskvy
Čerkasskij per.
Cerkov' Uspenija Presv. Bogorodicy na Čiževskom podvor'e
pl. Revoljucii
пл. Революций
Ploščad' Revoljucii
Konstitucionnyj Sud Rossii
Kitaj-Gorod
Il'inskij pr.
Gerojam Plevny
Nikol'skaja ul.
Bogojavlenskij per.
Staropanskij per.
Sobor Bogojavlenskogo monastyrja
Kazanskij sobor
Vetošnyj per.
Verhovnyj Sud Rossii
ул. Ильинка
Staraja pl.
3
GUM
3
Birževaja pl.
Биржевая пл.
Nikol'skij per.
Ipat'evskij per.
Krasnaja pl.
Красная пл.
ul. Il'inka
Rybnyj per.
Cerkov' Troicy Živonačal'noj v Nikitnikah
Mavzolej V.I.Lenina
Hrustal'nyj per.
Nikitnikov. per.
4
Lobnoe mesto
Cerkov' Prep. Maksima Ispovednika v Zarjad'e
Varvarka
Mininu i Požarskomu
ul. Varvarka
Muzej Palaty 16-17 vekov
Spasskaja bašnja
Pokrovskij sobor
C. Velikomuč. Georgija Pobedonosca
Znamenskij sobor
C. Velikomuč. Varvary
Spasskaja
pl. Vasil'evskij Spusk
Moskvoreckaja ul.
Rossija
Central'nyj koncertnyj zal
5
Beklemiševskaja bašnja
Zarjad'e
Cerkov' Začatija Anny
Moskvoreckaja nab.
Кремлевская наб.
Bol'šoj Moskvoreckij most
Большой Москворецкий мост
Moskva
Raušskaja nab.
Раушская наб.
6
Софийская наб.
1-j Raušskij per.
Balčug-Kempinski
200m
115
122
Sadovničeskaja
Cerkov'
Faleevsk.

A
B
C
1
2
3
4
5
6
Cyganskij teatr Romèn
Begovaja alleja
Dvorec sporta Kryl'ja Sovetov
Vnešèkonombank
ul. Pravdy
3. ul. Jamskogo Polja
Novolesnaja
Gorlov tup.
Skakovaja alleja
Skakovaja ul.
Leningradskij prosp.
1. ul. Jamskogo Polja
Butyrskij Val
Prijutskij per.
2. Mosavtobirža
Promstrojbank
Bol'n.
Verhnjaja
Rossijskaja universal'no-stroitel'naja birža
Lesnoj
Dom kul'tury
Скаковая ул.
Belorusskaja
Belorusskij vokzal
Nižnjaja ul.
Lesnaja ul.
Aleksandra
Tverskaja zastava
Тверская застава
3. Tverskaja-Jamskaja ul.
2. Tverskaja-Jamskaja ul.
1. Brestskaja
2. Brestskaja
1. Tverskaja-Jamskaja
Gruzinskij Val
Bol. Kondrat'evskij
Gruzinskij per.
ул. Пресненский Вал
Sred. Kondrat'evskij per.
Električeskij per.
Central'nyj Dom kino
Большая Грузинская ул.
Fučika
Brestskaja
Mal. Tišinskij per.
Vasil'evskaja
sticionnyj bank
Srednij Tišinskij per.
Julius
Tišinskaja pl.
Тишинская пл.
Bol. Tišinskij per.
Бол. Тишинский пер.
Tišinskij rynok
Krasina per.
ul. Krasina
ul. Gašeka
Малая Грузинская ул.
ul. Klimaškina
ул. Климашкина
Novopresnenskij per.
ул. Красина
Зоологическая ул.
ul. Presnenskij Val
Šota Rustaveli
Rastorguevskij per.
Zoologičeskij per.
Gruzinskaja ul.
Zoologičeskaja ul.
Bol'n. im. Filatova
Bol. Sadovaja
Biologičeskij muzej
Malaja Gruzinskaja
Volkov per.
Dom-memorial muzeja Družby narodov
I.A. Krylovu
Stoljarnyj per.
Zoopark
Kudrinskaja
Patriaršij per.
Ermolaevskij per.
Spiridonovka
Krasnaja Presnja
Bol'n. Krasnaja Presnja
Birža Rossijskaja bumaga
Bol'šaja Gruzinskaja
Moskovskij oblastnoj sud
Planetarij
Barrikadnaja
ул. Красная Пресня
Zamorënova
Sadovaja
Vs. poľnyj per.
Dom-muzej Čehova
Predtečenskij per.
Prokudinskij per.
Presnenskij per.
Krasnopresnenskaja
Barrikadnaja ul.
Granatnyj
Muzej Krasnaja Presnja
Bol'n.
Cerkov' Ioana-Predteči
ул. Заморёнова
Konjuškovskij per.
Vysotnoe zdanie
Mal. Nikitskaja ul.
Central'nyj Dom literatorov
Novovagan'kovskij per.
Verh. Predtečenskij per.
Kudrinskaja pl.
Кудринская пл.
Bol. Nikitskaja
Sred. Trëhgornyj per.
Mal. Trëhgornyj per.
Kapranova per.
Mal. Konjuškovskij per.
Kudrinskij per.
Povarskaja ul.
Skaratinskij per.
400m
Družinnikovskaja
Stadion Krasnaja Presnja
Конюшковская ул.
Новинский бульвар
Teatr-studija kinoaktera
Skatertnyj
Hlebnyj
Nikolaeva
Рочдельская ул.
Muzej Gor'kogo
120
116
Dom Pravitel'stvo Rossii
Konjuškovskaja ul.
Literaturnyj muzej
Krasnopresnenskaja
pl. Svobodnoj Rossii
Cerkov' Devjati Mučenikov

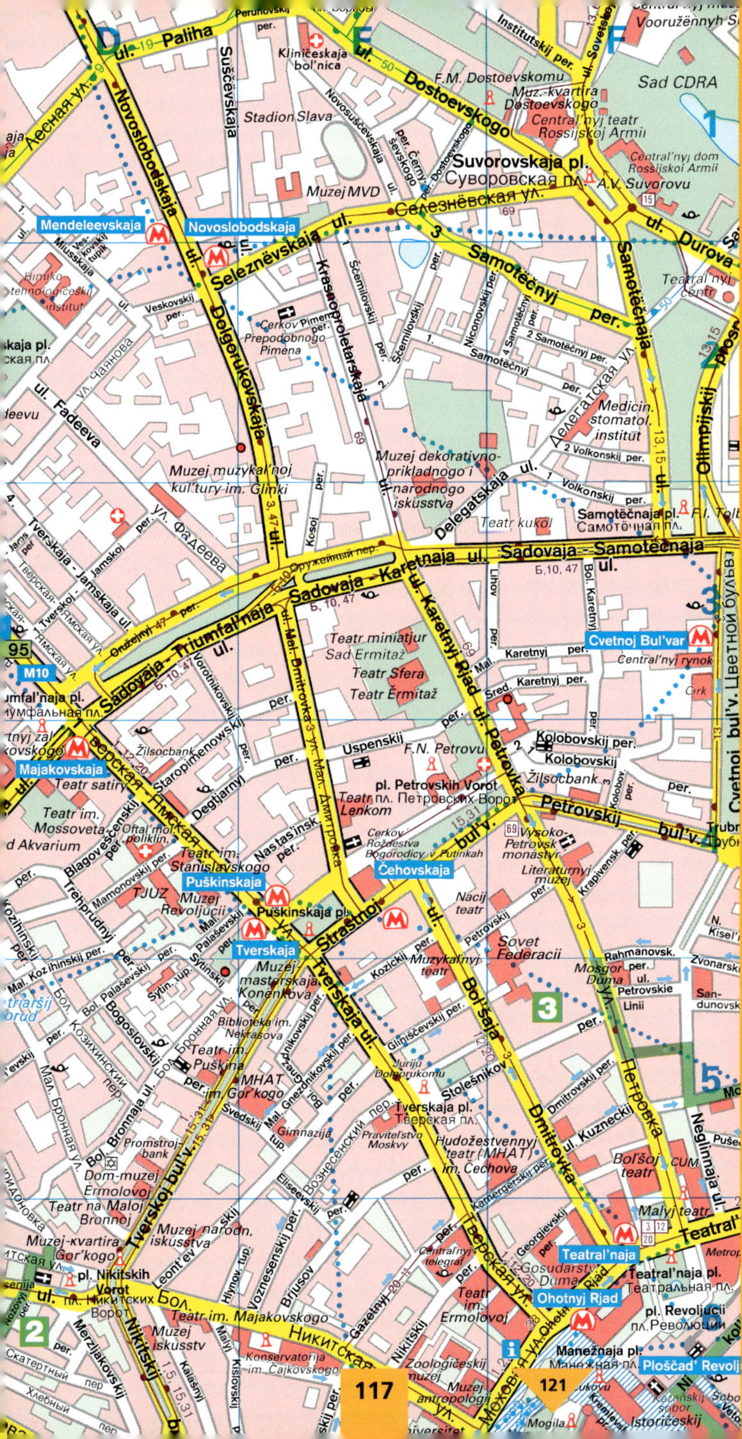

D
E
F
ul. Paliha
Perunovskij per.
Kliničeskaja bol'nica
Institutskij per.
ul. Sovetskoj Armii
Vooružënnyh Sil
Sad CDRA
ul. Dostoevskogo
F.M. Dostoevskomu
Muz.-kvartira Dostoevskogo
Central'nyj teatr Rossijskoj Armii
Central'nyj dom Rossijskoj Armii
Stadion Slava
Novosuščëvskaja ul.
per. Černyševskogo
per. Dostoevskogo
Suvorovskaja pl.
Суворовская пл.
A.V. Suvorovu
Muzej MVD
Sušcëvskaja ul.
Novoslobodskaja ul.
Лесная ул.
Mendeleevskaja
Novoslobodskaja
ul. Seleznëvskaja
Селезнëвская ул.
Samotëčnyj per.
Samotëčnaja ul.
ul. Durova
Teatral'nyj centr
Himiko-tehnologičeskij institut
Veskovskij per.
Miusskaja pl.
Миусская пл.
Cerkov' Prepodobnogo Pimena
Pimenovskij per.
Krasnoproletarskaja ul.
Ščemilovskij per.
2 Samotëčnyj per.
Niconovskij per.
4 Samotëčnyj per.
Delegatskaja ul.
Делегатская ул.
Medicin. stomatol. institut
2 Volkonskij per.
1 Volkonskij per.
Olimpijskij prosp.
ul. Fadeeva
ул. Фадеева
ул. Чаянова
Dolgorukovskaja ul.
Muzej muzykal'noj kul'tury im. Glinki
Muzej dekorativno-prikladnogo i narodnogo iskusstva
Teatr kukol
Samotëčnaja pl.
Самотëчная пл.
F.I. Tolbuhinu
Kosoj per.
Оружейный пер.
Sadovaja-Samotëčnaja ul.
Sadovaja-Karetnaja ul.
Sadovaja-Triumfal'naja ul.
Oružejnyj per.
Tverskaja-Jamskaja ul.
Тверская-Ямская ул.
Jamskoj per.
Lihov per.
Bol. Karetnyj per.
Cvetnoj Bul'var
Central'nyj rynok
Cirk
Cvetnoi bul'v.
Цветной бульв.
Karetnyj Rjad
Mal. Karetnyj per.
Sred. Karetnyj per.
Teatr miniatjur
Sad Ermitaž
Teatr Sfera
Teatr Ërmitaž
Vorotnikovskij per.
Staropimenovskij per.
Mal. Dmitrovka ul.
ул. Мал. Дмитровка
Triumfal'naja pl.
Триумфальная пл.
Majakovskaja
Teatr satiry
Teatr im. Mossoveta
Teatr Akvarium
Žilsocbank
Degtjarnyj per.
Uspenskij per.
F.N. Petrovu
pl. Petrovskih Vorot
пл. Петровских Ворот
Teatr Lenkom
Cerkov' Roždestva Bogorodicy v Putinkah
Kolobovskij per.
Petrovskij bul'v.
Vysoko-Petrovsk. monastyr'
Literaturnyj muzej
Krapivensk. per.
Trubnaja
Oftal'mol. poliklin.
Teatr im. Stanislavskogo
Nastasinsk. per.
Čehovskaja
Puškinskaja
Puškinskaja pl.
Strastnoj bul'v.
TJUZ
Muzej Revoljucii
Tverskaja
Nacij teatr
Sovet Federacii
Mosgor Duma
Petrovskie Linii
Rahmanovsk. per.
Zvonarskij per.
Sandunovsk. per.
Muzej-masterskaja Konënkova
Tverskaja ul.
Kozickij per.
Muzykal'nyj teatr
Bol'šaja Dmitrovka ul.
Patriaršij prud
Bol. Palaševskij per.
Bogoslovskij per.
Bol. Bronnaja ul.
Бол. Бронная ул.
Biblioteka im. Nekrasova
Teatr im. Puškina
MHAT im. Gor'kogo
Gnezdnikovskij per.
Glinišcevskij per.
Juriju Dolgorukomu
Stolešnikov per.
Tverskaja pl.
Тверская пл.
Pravitel'stvo Moskvy
Hudožestvennyj teatr (MHAT) im. Čehova
Dmitrovskij per.
ul. Kuzneckij Most
Neglinnaja ul.
Petrovka ul.
Bol'šoj teatr
CUM
Malyj teatr
Teatral'naja
Teatral'naja pl.
Театральная пл.
Teatral'nyj proezd
Tverskoj bul'v.
Švedskij tup.
Gimnazija
Вознесенский пер.
Eliseevskij per.
Kamergerskij per.
Georgievskij per.
Gosudarstv. Duma
Central'nyj telegraf
Тверская ул.
Ohotnyj Rjad
ул. Охотный Ряд
pl. Revoljucii
пл. Революции
Promstrojbank
Dom-muzej Ermolovoj
Teatr na Maloj Bronnoj
Muzej-kvartira Gor'kogo
Muzej narodn. iskusstva
Leont'ev per.
Voznesenskij per.
Brjusov per.
pl. Nikitskih Vorot
пл. Никитских Ворот
Bol. Nikitskaja ul.
Teatr im. Majakovskogo
Muzej iskusstv
Konservatorija im. Čajkovskogo
Gazetnyj per.
Nikitskij per.
Teatr im. Ermolovoj
Zoologičeskij muzej
Muzej antropologii
Manežnaja pl.
Манежная пл.
Ploščad' Revoljucii
Kazanskij Sobor
Istoričeskij
Mogila
Merzljakovskij per.
Скатертный пер.
Хлебный пер.
Nikitskij bul'v.
Kislovskij per.
Mal. Kozihinskij per.
Trëhprudnyj per.
Mamonovskij per.
Blagoveščenskij per.
M10
95

117
121

A
B
C
1
2
3
4
5
Vooružënnyh Sil
Renessans
Sad CDRA
Central'nyj dom Rossijskoj Armii
Suvorovu
Samarskaja ul.
Plavatel'nyj bassejn
Sportkompleks Olimpijskij
Krytyj stadion
Олимпийский просп.
Samarskij per.
ul. Durova
Teatral'nyj centr
Kliničeskaja bol'nica
ул. Дурова
Lavrskij per.
Dom-muzej Vasnecova
Vasnecova
C. Troicy
Troickaja ul.
Olimpijskij prosp.
pl. F.I. Tolbuhinu
Sadovaja-Suharëvskaja ul.
Kapel'skij per.
Birža himičeskih tovarov
Щепкина
Cerkov' Mitropolita Filippa
Prospekt Mira
Просп. Мира
Orlovo-Davydovskij per.
Protopopovskij per.
Botaničeskij sad MGU (filial)
Grohol'skij per.
Грохольский
M 8
prosp. Mira
ul. Ščepkina
ul. Giljarovskogo
Meščanskaja
Institut skoroj pomošči im. Sklif.
Muzej mediciny
Institut im. Sklifosovskogo
Suharëvskaja pl.
Сухаревская пл.
Suharevskaja
Bol. Perejaslavskaja ul.
Пантелеевская ул.
Licej
Bol. Balkanskij per.
Moskovskij gorodskoj
Botaničeskij
Astrahanskij
Gluharëv per.
Živarëv
Bol'šaja Spasskaja ul.
Dokučaev
Volga
Skornjažnyj
Koptel'skij
Большая
Sadovaja-Spasskaja
Bul'var
Central'nyj rynok
Cirk
Cvetnoj bul'v.
Цветной бульв.
Трубная ул.
Cerkov' Troicy v Listah
Mal. Suharevskij per.
Bol. Suharevskij per.
Poslednij per.
Bol. Golovin per.
Filial teatra im. Majakovskogo
Puškarev per.
Bol. Sergievskij per.
Kolokol'nikov per.
Pečatnikov per.
Trubnaja ul.
Trubnaja pl.
Трубная пл.
C. Uspenija v Pečatnikah
Pankrat'evskij
Sretenskij tup.
Daev per.
Seliverstov per.
Mal. Golovin per.
Prosvirin per.
Lukov per.
Ašeulov per.
Rybnikov per.
Kostjanskij
Ananevskij per.
ul. Sretenka
ул. Сретенка
Аваев пер.
Уланский пер.
Žilsocbank
Ulanskij per.
prosp. Akademika Saharova
Biblioteka Goskomstata Rossii
Teatr Volšebnaja lampa
Sretenskij bul'v.
N.K. Krupskoj
pl. Mjasnickih Vorot
пл. Мясницких Ворот
Мясницкая ул.
Rozdestvenskij bul'v.
Roždestvenskij monastyr'
Sretenskij monastyr'
N. Kisel'nyj per.
Bol. Kisel'nyj
Zvonarskij per.
C. Nikoly v Zvonarjah
San-dunovskij per.
Varsonof'evskij per.
ul. Bol. Lubjanka
ул. Бол. Лубянка
Turgenevskaja
Čistye Prudy
A.S. Griboedovu
Glavpočtamt
Cerkov' Arhangela Gavrila (Men'šikova bašnja)
Gusjatnikov per.
Ogorodnoj Slobody per.
Dvorec pionerov
Mal. Haritonevskij per.
Čistoprudnyj
Teatr Sovremennik
C. Sv. Ljudovika
Miljutinskij
Krivokolennyj
Armjanskij
Kliničeskaja bol'n.
Potapovskij
Arhangel'skij
Sverčkov
Devjatkin
pl. Pokrovskih Vorot
пл. Покровских
Mjasnickaja ul.
Furkasovskij per.
Most
Kuzneckij Most
Neglinnaja ul.
Pušečnaja ul.
ul. Rozdestvenka
Magazin Detskij Mir
Lubjanka
Lubjanskaja pl.
CUM
Malyj teatr
Teatral'nyj pr.
Metropol'
Teatral'naja pl.
Театральная пл.
Stena Kitaj-Goroda
Bol. Čerkasskij
Novaja pl.
Lubjanskij pr.
Muzej Majakovskogo
Politehničeskij muzej
Zlatoustinskij
Lučnikov per.
Marosejka
ul. Pokrovka
Hohlovskij
Хохловский
C. Kos'my i Damiana
Petroverigskij per.
Starosadskij
Cerkov' Troicy v Hohlovke
pl. Revoljucii
пл. Революции
Ploščad' Revoljucii
Kitaj-Gorod
Gerojam Plevny
pl. Il'inskih Vorot
Bogojavlenskij per.
Sobor Bogojavl. monastyrja
ул. Ильинка
Bol. Spasoglinišcev.
Istoričeskaja biblioteka
Kolpačnyj
Institut èlektromašinostroe
Bol. Trëhsvjatitel
Zabelina
Hohlovskij
Istoričeskij
Kazanskij sobor

122
118

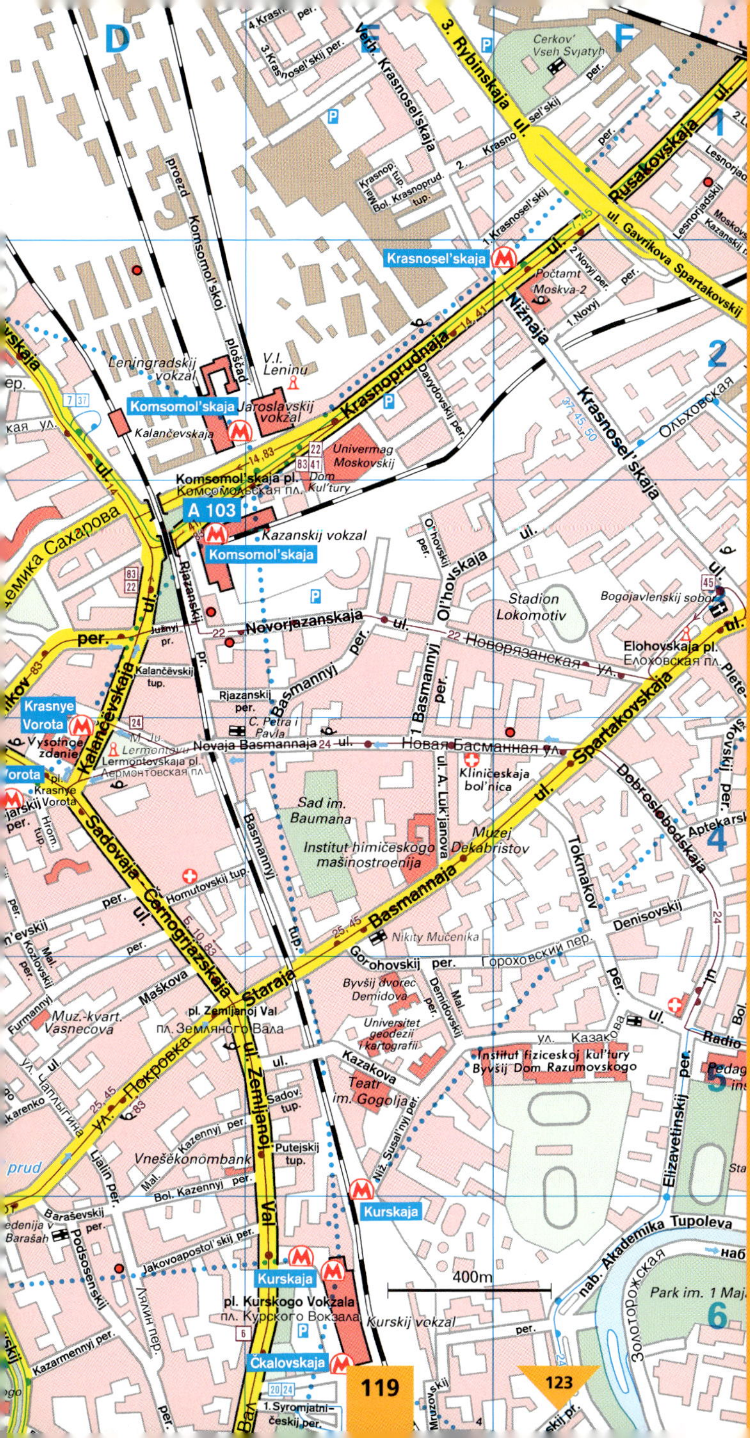
Leningradskij vokzal
Jaroslavskij vokzal
Kazanskij vokzal
Komsomol'skaja
Komsomol'skaja pl.
Комсомольская пл.
A 103
Krasnosel'skaja
Krasnoprudnaja
Rusakovskaja ul.
ul. Gavrikova
Spartakovskij
Počtamt Moskva-2
Nižnaja Krasnosel'skaja
Univermag Moskovskij
Dom Kul'tury
Stadion Lokomotiv
Bogojavlenskij sobor
Elohovskaja pl.
Елоховская пл.
Novorjazanskaja ul.
Новорязанская ул.
Novaja Basmannaja ul.
Новая Басманная ул.
Krasnye Vorota
Lermontovskaja pl.
Лермонтовская пл.
Sad im. Baumana
Institut himičeskogo mašinostroenija
Muzej Dekabristov
Kliničeskaja bol'nica
Spartakovskaja ul.
Staraja Basmannaja
Sadovaja-Černogrjazskaja ul.
Kalančevskaja ul.
pl. Zemljanoj Val
пл. Земляного Вала
ul. Zemljanoj Val
Muz.-kvart. Vasnecova
ул. Покровка
ул. Чаплыгина
Vnešèkonombank
Teatr im. Gogolja
Institut fiziceskoj kul'tury
Byvšij Dom Razumovskogo
Kurskaja
pl. Kurskogo Vokzala
пл. Курского Вокзала
Kurskij vokzal
Čkalovskaja
nab. Akademika Tupoleva
Золоторожская
Park im. 1 Maja
400m

119
123

A
B
C
116
120
1
2
3
4
5
6
Pravitel'stvo Rossii
Bol. Devjatinskij per.
Muzej Gor'kogo
Krasnopresnenskaja nab.
pl. Svobodnoj Rossii
Konjuškovskaja ul.
Cerkov' Devjati Mučenikov
Mir
Literaturnyj muzej
bul'var Новинск
Trubnikovskij
Gostinica Ukraina
ul. Bol.
Rževskij
Bol.
Molčanov
ul. Novyj Arbat
ул. Новый Арбат
T.G. Ševčenko
nab.
Ukraina
Teatral'noe učilišče
Smolenskaja
Panfilovskij per.
Prjamoj per.
Kalininskij most
Калининский мост
Kompozitorskaja
ul.
Nikolopeskovskij
Kutuzovskij prosp.
Tarasa
Protočnyj
per.
Novinskij
Musej Skrjabina
Vyst. zal Priroda
Mal. Novopeskovskij per.
1. Smolen
pr. Šlomina
per. Kamennoj Slobody
Spasopeskov
C. Spasa na Peskah
Teatr im. Vahtang
Kalošin
Smolenskaja
Karmanickij per.
2
Borodinskaja
2. Borodinskaja
ul. Ševčenko
1.Nikološčepovskij per.
3.Smolenskij per.
Smolenskaja
Arbat
Krivoarbatskij
Plotnikov
Nevol'nyj
2.Smolenskij per.
Muzej Puškina
Sivcev Vražek
Šubinskij per.
Denežnyj per.
Dom-muzej Gercen
Bol. Vlas'evskij
Bol'šaja Dorogomilovskaja ul.
Borodinskij most
Бородинский мост
Smolenskaja ul.
39
Sennaja pl.
Vysotnoe zdanie
Cerkov' Vlasija
pl. Kievskogo Vokzala
пл. Киевского Вокзала
Gagarinskij per.
nab.
Ростовский пер.
ул. Плющиха
Денежный пер.
Kievskaja
Kievskij Vokzal
Glazovskij per.
Prečisten
Kievskij vokzal
4.Rostovskij per.
Ružejnyj
Smolenskij
Muzej-masterskaja Golubkinoj
Lëvšinskij per.
Čistyj
6.Rostovskij per.
Detskaja biblioteka im. Gajdara
Vnešèkonombank
Mal. Lëvšinskij per.
Bol'šoj
Kropotkinskij per.
Moskva
Berežkovskaja
Rostovskaja
Rostovskij per.
1. Neopalimovskij per.
Zemledel'českij
Serpov per.
2.Neopalimov. per.
3.Neopalimov.
Eropkinskij
Pomerancev
1.Vražskij per.
2.Vražsk. per.
nab.
ul. Burdenko
ул. Бурденко
Novokonjušennyj
bul'v.
Prečistenka
Zubovskaja pl.
Зубовская пл.
Кропоткинский
pr. Devič'ego Polja
Zubovskaja ul.
ул. Зубовская
Daškov per.
Zubovskij bul'v.
1.Truženikov
Savvinskaja
L.N. Tolstomu
Skver Devič'ego Polja
Timura Frunze
Zubovskij pr.
Krymskaja pl.
Крымская пл.
2.Truženikov per.
Pljuščiha
Пироговская
Rossolimo
ul. L'va Tolstogo
V.F. Snegirëvu
N.F. Filatovu
ul. Elanskogo
Bol'nica
Muzej-usad'ba L. Tolstogo
ул. Льва Толстого
ул. Тимура
Savvinskij
Погодинская
Большая
Olsuf'evskij per.
ul. Bol. Čudov
5
N.I. Pirogovu
Hol'zunova
Darvinskij muzej
Pugovišnikov per.
Cerkov' Nikolaja Hamovn
Medic. akademija im. Sečenova
Arhivnyj per.
Пироговская
Obolenskij
Jazykovskij per.
Несвижский пер.
Ksen. per.
Фрунзенская
I.M. Sečenovu
Mal. Trubeckaja
Pedagogičeskij universitet
Bol. Pirogovskaja
Usačëva ul.
Малая
Nesvižskij per.
Komsomol'skij prosp.
Frunzenskaja
ul.
Хользунова
Šibaevskij per.
Usačëvskij rynok
Мал. Трубецкая
Frunzenskaja
1. Frunzenskaja ul.
400m
Usačëva

117
121
Ploščad' Revoljucii
Konservatorija im. Čajkovskogo
Zoologičeskij muzej
Muzej antropologii
Universitet
Manež
Central'nyj vystavočnyj zal
Mogila Neizvestnogo soldata
Arsenal
Senat
Istoričeskij muzej
GUM
Krasnaja pl.
Красная пл.
Mavzolej V.I.Lenina
Kreml'
Nikol'skaja bašnja
Spasskaja bašnja
Kazanskij sobor
Ivanovskaja pl.
Ивановская пл.
Gosudarstvennyj Kremlevskij Dvorec
Uspenskij sobor
Kolokol'nja Ivana
Arhangel'skij sobor
Blagoveščenskij sobor
Oružejnaja palata
Kremlevskij dvorec
Beklemiševskaja bašnja
Tajnickaja bašnja
Borovickaja bašnja
Vodovzvodnaja bašnja
Borovickaja pl.
Боровицкая пл.
Кремлевская
Moskva
Софийская
Sofijskaja nab.
Faleevskij per.
Mal. Moskvoreckij most
Мал. Москворецкий мост
Bol. Kamennyj most
Бол. Каменный мост
Bolotnaja pl.
Болотная пл.
I.E. Repinu
Lužkov most
Лужков мост
Болотная наб.
Kadaševskaja nab.
Lavrušinskij per.
Mal. Tolmačevskij per.
P.M. Tret'jakovu
Tret'jakovskaja
Bol. Tolmačevskij
Staromonetnyj
Pyževskij
Cerkov' Grigorija Neokesarijskogo
Poljanka
M 2
M 3
Bol. Poljanka
C. Uspenija v Kazačkah
1. Kazačij
2. Kazačij
Muzej Tropinina i moskovskih hudožnikov
Bol'šaja Poljanka
Pogorel'skij
Spasonalivk. per.
1. Spasonalivkovskij per.
Kazanskij per.
Oktjabr'skaja
Žitnaja ul.
Kalužskaja pl.
V.I. Leninu
ul. Korovij Val
Dobryninskaja
3. Dobryninskij per.
2. Dobryninsk.
1. Ljusinovsk.
4. Dobryninskij per.
Dobryninskij
Ljusinovskaja ul.
Mytnaja ul.
Apakova pr.
Sabolovka ul.
Leninskij prosp.
Gornyj universitet
Institut stali splavov
CPKiO im. Gor'kogo
Vystavočnyj pavil'on
Stadion CPKiO im. Gor'kogo
Puškinskaja nab.
Krymskij Most
Krymskij Val
ul. Krymskij Val
licej
Maronovskij per.
Krymskij tup.
cerkov' Ioanna Voina
Jakimanskij per.
2. Bab'egor. per.
ul. Bol. Jakimanka
Central'nyj dom hudožnika
Iskusstv
Kartinnaja galereja
Park
Krymskaja nab.
Крымская наб.
Krymskij most
Крымский мост
Park Kul'tury
Novokrym.
Bassejn Čajka
Turčaninov per.
Ostoženka
Licej
Hilkov
Korobejnikov
Moločnyj
Butikovskij per.
Prečistenskaja nab.
Moskva
Pamjatnik v oznamenovanie 300-letija Rossiskogo flota v Moskve
Cerkov' Nikoly v Golutvine
Prezident-Otel'
1. Bab'egor. per.
2. Hvostov per.
1. Hvostov per.
Brodnikov
Jakimanka
Poljansk.
Bol. Jakimanka
Якиманка
Malaja
Jakimanskaja nab.
Golutvinsk.
3. Golutvinsk.
4. Golutv. per.
Bolotnaja nab.
Bersenevskaja nab.
Берсеневская
Mal. Kamennyj most
Мал. Каменный мост
Cerkov' Averkija Kirillova
Teatr èstrady
Serafimoviča
Bol. Kamennyj Most
Kremlevskaja nab.
Пречистенская наб.
Prečistenskaja
Sojmonovskij pr.
Hram Hrista Spasitelja
Kropotkinskaja
pl. Prečistenskie Vorota
Vsehsvjatskij pr.
ul. Volhonka
Lebjažij per.
ul. Lenivka
Muzej izobrazitel'nyh iskusstv im.Puškina
Mal. Znamenskij per.
Bol. Znamenskij
Šahmatnyj klub
Kolymažnaja
Znamenskij per.
Znamenka
Mohovaja
Manežnaja
Borovickaja
Staro vag.
Rossijskaja gosudarstvennaja biblioteka
Muzej arhitektury
Krestovozdviženskij per.
Aleksandrovskij Sad
Biblioteka im. Lenina
Vozdviženka
Arbatskaja
Arbatskaja pl.
Арбатская пл.
pl. Arbatskie Vorota
N.V. Gogolju
Cerkov' Apostola Filippa
Afanas'evskij per.
Mal. Afanas'evskij
Bol. Afanas'evskij per.
Filippovskij
C. Afanasija i Kirilla
Gogolevskij bul'v.
Сивцев Вражек
Starokonjušennyj per.
Староконюшенный пер.
Našokinskij per.
Бол. Афанасьевский
ул. Арбат
Arbatskij per.
Molčanovka
Hlebnyj per.
Хлебный пер.
Скатертный пер.
Varsonofevskij
Nikitskij bul'v.
Kalašnyj
Kislovskij per.
Niž. Kislovskij
Dom Družby
Bol. Kislovskij per.
Romanov per.
N.V. Gogolju
Гагаринский пер.
Gagarinskij
Muzej Puškina
Dom učenyh
Prečistenka
Пречистенка
Остоженка
F. Èngel'su
1. Obydenskij per.
2. Obydenskij
Cerkov' Il'i Obydennogo
Lopuhinskij per.
Vsevoložskij per.
Barykovskij per.
Sečenovskij per.
Tolstogo
Požarskij
Počtamt Moskva-6
1. Začat'evskij
2. Začat'evskij
3. Začat'evskij
Začat'evskij monastyr'
Kursovoj
Cerkov' Il'i
Hrušćevskij

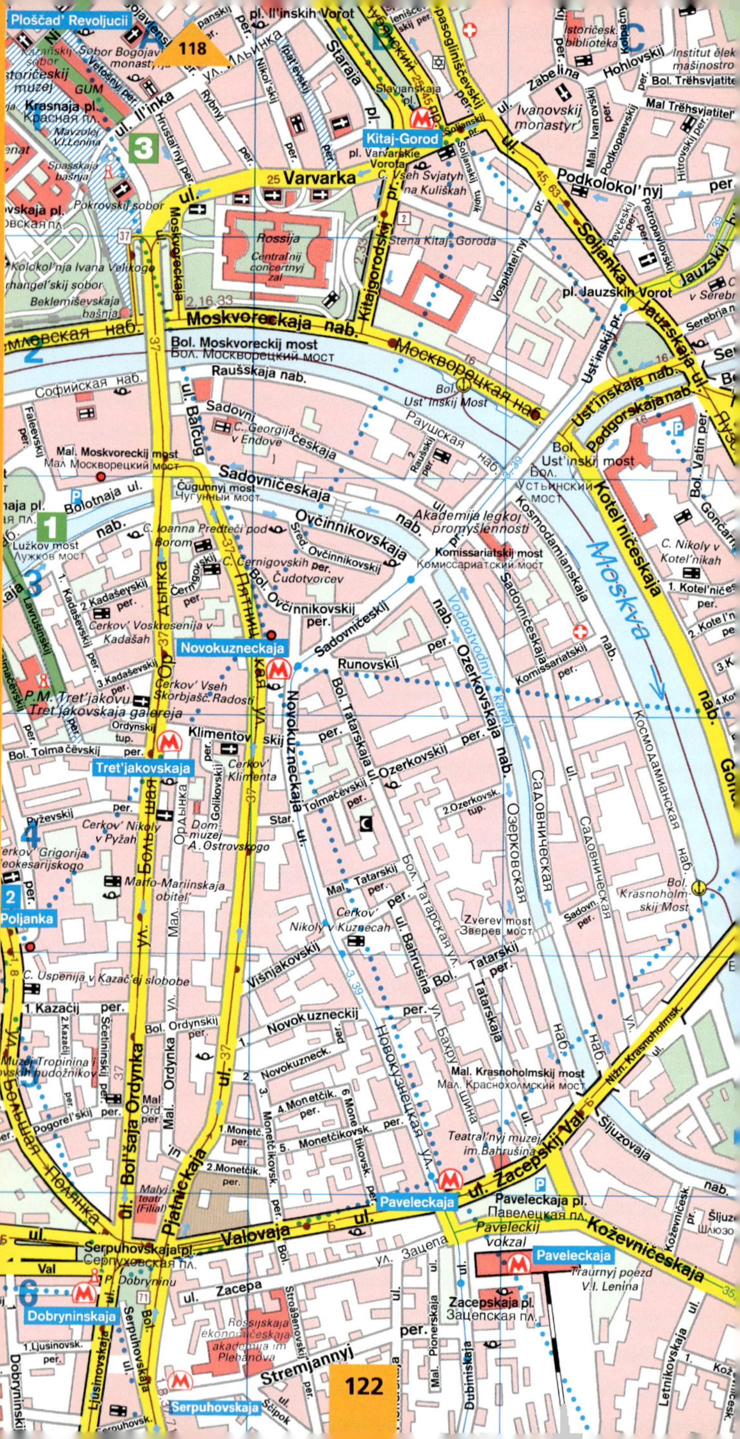

118
Ploščad' Revoljucii
Kazanskij sobor
Sobor Bogojavlenskogo monastyrja
Istoričeskij muzej
GUM
Krasnaja pl.
Красная пл.
Mavzolej V.I.Lenina
Spasskaja bašnja
Pokrovskij sobor
Kolokol'nja Ivana Velikogo
Arhangel'skij sobor
Beklemiševskaja bašnja
ul. Il'inka
pl. Il'inskih Vorot
Nikol'skij per.
Rybnyj per.
Hrustal'nyj per.
Ipat'evskij per.
Staraja pl.
Slavjanskaja pl.
Kitaj-Gorod
pl. Varvarskie Vorota
C. Vseh Svjatyh na Kuliškah
Varvarka
Rossija
Central'nij concertnyj zal
Moskvoreckaja ul.
Kitajgorodskij pr.
Stena Kitaj-Goroda
Solyanskij tupik
Vospitatel'nyj per.
Istoričesk. biblioteka
Institut ėlektromašinostroenija
Zabelina
Hohlovskij per.
Bol. Trëhsvjatitel'skij
Mal Trëhsvjatitel'skij
Ivanovskij monastyr'
Podkolokol'nyj per.
Podkopaevskij per.
Petropavlovskij per.
Pevčeskij per.
Hitrovskij per.
Soljanka
Jauzskij
pl. Jauzskih Vorot
Jauzskaja ul.
C. v Serebrjanikah
Moskvoreckaja nab.
Москворецкая наб.
Bol. Moskvoreckij most
Бол. Москворецкий мост
Raušskaja nab.
Раушская наб.
Софийская наб.
Sadovniceskaja
Bol. Ust'inskij Most
Ust'inskaja nab.
Podgorskaja nab.
Bol. Ust'inskij most
Бол. Устьинский мост
Kotel'ničeskaja nab.
Bol. Vatin per.
C. Nikoly v Kotel'nikah
1. Kotel'ničeskij per.
2. Kotel'ničeskij per.
Moskva
Москва
Faleevskij per.
Mal. Moskvoreckij most
Мал Москворецкий мост
Bolotnaja ul.
Bolotnaja pl.
Bersenevskaja nab.
ul. Balčug
C. Georgija v Endove
Raušskij per.
Sadovničeskaja ul.
Čugunnyj most
Чугунный мост
Akademija legkoj promyšlennosti
Ovčinnikovskaja nab.
Sred. Ovčinnikovskij per.
Lužkov most
Лужков мост
C. Ioanna Predteči pod Borom
C. Černigovskih Čudotvorcev
Černigovskij per.
Bol. Ovčinnikovskij per.
Komissariatskij most
Комиссариатский мост
Kosmodamianskaja nab.
Sadovničeskaja nab.
Vodootvodnyj kanal
Lavrušinskij per.
Kadaševskaja nab.
1. Kadaševskij per.
2. Kadaševskij per.
3. Kadaševskij per.
Cerkov' Voskresenija v Kadašah
Novokuzneckaja
Sadovničeskij proezd
Runovskij per.
Ozerkovskaja nab.
Komissariatskij per.
P.M. Tret'jakovu
Tret'jakovskaja galereja
Cerkov' Vseh Skorbjaščih Radosti
Ordynskij tup.
Bol. Tolmačëvskij per.
Tret'jakovskaja
Klimentovskij per.
Cerkov' Klimenta
Pjatnickaja ul.
Пятницкая ул.
Novokuzneckaja ul.
Bol. Tatarskaja ul.
Ozerkovskij per.
Tolmačëvskij per.
2. Ozerkovsk. tup.
Садовническая
Озерковская
Космодамианская наб.
Pyževskij per.
Cerkov' Nikoly v Pyžah
Golikovskij per.
Dom-muzej A. Ostrovskogo
Cerkov' Grigorija Neokesarijskogo
Marfo-Mariinskaja obitel'
Bol'šaja Ordynka
Большая Ордынка
Mal. Ordynka
Mal. Tatarskij per.
Cerkov' Nikoly v Kuznecah
ul. Bahrušina
Bol. Tatarskaja
Zverev most
Зверев мост
Bol. Krasnoholmskij Most
Poljanka
C. Uspenija v Kazač'ej slobode
1. Kazačij per.
2. Kazačij per.
Višnjakovskij per.
Tatarskij per.
Bol. Ordynskij per.
Novokuzneckij per.
1. Novokuzneck. per.
2. Novokuzneck. per.
Ščetininskij per.
Muzej Tropinina i moskovskih hudožnikov
Pogorel'skij per.
Mal. Ordynka
4. Monetčik. per.
5. Monetčikovsk. per.
1. Monetč. per.
2. Monetčik. per.
3. Monetčik. per.
6 Monetčikovsk. per.
Mal. Krasnoholmskij most
Мал. Красохолмский мост
Teatral'nyj muzej im. Bahrušina
Nižn. Krasnoholmsk.
Šljuzovaja nab.
Malyj teatr (Filial)
Pjatnickaja
Zacepskij Val
Paveleckaja
Paveleckaja pl.
Павелецкая пл.
Paveleckij vokzal
Traurnyj poezd V.I. Lenina
Koževničeskaja ul.
Šljuzovoj
Bol'šaja Poljanka
Valovaja ul.
Serpuhovskaja pl.
Серпуховская пл.
Val
P. Dobryninu
Dobryninskaja
ul. Zacepa
ул. Зацепа
Zacepskij pl.
Зацепская пл.
Rossijskaja ėkonomičeskaja akademija im Plehanova
Stremjannyj per.
Stročenovskij per.
Mal. Pionerskaja
Dubininskaja
Letnikovskaja
1. Ljusinovsk. per.
Ljusinovskaja
Dobryninskij per.
Serpuhovskaja
Ščipok

122

D
E
F
119
123
400m
1
2
3
4
5
6
M 7
M 5
E30
Čkalovskaja
Kazarmennyj
Durasovskij per.
Pole
Voroncovo
Obuha
1. Syromjatničeskij per.
Verh. Syromjatničeskaja ul.
2 Syromjatničeskij per.
3 Syromjatničeskij per.
Mel'nickij per.
Mal. Poluljaroslavskij per.
Bol. Poluljaroslavskij per.
Nastavničeskij
Kostomarovskij per.
Dom Kul'tury
Syromjatničeskij pr.
Nižn. Syromjatničeskaja ul.
Syromjatničeskaja nab.
Zolotorožskaja nab.
Detskaja turistsk.
Poluljaroslavskaja nab.
Kostomarovskaja nab.
Nikolojamskaja nab.
Jauza
Vysokojauzskij most
Высокояузский мост
Andron'evskaja nab.
Muzej im. Rublëva
Spasskij sobor
Cerkov' Mihaila-Arhangela
Andronikov monastyr' im. A. Rublëva
Voločaevskaja ul.
Biblioteka literatury
Cerkov' Pokrova na Lyščikovoj gore
Bernikov
Sivjakov per.
Nikolojamskij per.
Šelaputinskij
Kostomarovskij most
Костомаровский мост
Nikolojamskaja ul.
Николоямская ул.
ul. Sergija Radonežskogo
Andron'evskaja pl.
Андроньевская пл.
Bol'nica im. Medsantrud
Zemljanskij per.
Teterinskij per.
Mal. Drovjanoj per.
Pestovskij per.
Martynovsk. per.
Kommunističeskaja ul.
Škol'naja ul.
Школьная
Bibliotečnaja ul.
Библиотечная
Dobrovol'českaja
Bol. Andron'evskaja ul.
Mal. Andron'evskaja
Vekovaja ul.
Вековая
Radiščevskaja ul.
Verh. Radiščevskaja ul.
N. Taganskij tupik
Teatr na Taganke
Taganskaja
Bol'šaja Kommunističeskaja
C. Martina Ispovednika
Товарищеский пер.
Hudožestv. inst. im. Surikova
Tovariščeskij per.
Bol. Rogožskij per.
Mal. Rogožskij per.
Taganskaja pl.
Таганская пл.
Marksistskaja
Fakel'nyj per.
Mal. Fakel'nyj
Trudovaja ul.
Rogožskij Val
Gončarnyj
Taganskaja ul.
Таганская ул.
C. Nikoly v Studencah
Marksistskaja ul.
Марксистская ул.
Voroncovskaja ul.
Majakovskogo per.
Marksistskij per.
Tihij tup.
Ževljukov
Ukromnyj tupik
Nižegorodskaja ul.
ul. Talalihina
Abel'manovskaja ul.
Bol'šie Kamenščiki
Malye Kamenščiki
Narodnaja ul.
Krasnoholmskij most
Краснохолмский мост
Krasnoholmskaja nab.
Novospasskij per.
Verhnij Novospasskij pr.
Novospasskij pr.
Voroncovskij per.
Gvozdeva
Воронцовская
Novoselenskij per.
pl. Krest'janskaja Zastava
Krest'janskaja Zastava
Proletarskaja
Volgogradskij prospekt
Broševskij per.
Stroikovskij per.
Morevskij per.
Strojkovskaja
Dubrovo
Kačalinskaja
Novospasskij monastyr'
Novospasskij prud
Lavrov per.
Krest'janskij per.
Dinamovskaja ul.
Krest'janskaja pl.
Крестьянская пл.
3. Krutickij per.
Krutickij Val
Sarinskij proezd
Novospasskij Most
Novospasskij most
Новоспасский мост
Шлюзовая
4. Krutickij per.
Krutickaja ul.
Krutickaja nab.
Bol'n.
1. Krutickij per.
Uspenskij sobor
Krutickoe podvor'e
ul. Krutickij
Novodubrovskaja ul.
Svirskaja ul.
1. Dubrovskaja ul.
2. Dubrovskaja ul.
Malyi Simonovskij per.
Bol. Simonovskij per.
Sosinskaja
Mel'nikova
Дербеневская
3. Derbenevsk.

A
B
1
2
3
4
5
6
DMITROV
ДМИТРОВ
KLIN
КЛИН
SOLNEČNOGORSK
СОЛНЕЧНОГОРСК
LOBNJA
ЛОБНЯ
ZELENOGRAD
ЗЕЛЕНОГРАД
DOLGOPRUD
ДОЛГОПРУД
MYTIŠČ
МЫТИЩ
HIMKI
ХИМКИ
KRASNOGORSK
КРАСНОГОРСК
ODINCOVO
ОДИНЦОВО
NARO-FOMINSK
НАРО-ФОМИНСК
POD
ПОД
KLI
КЛИ
ČEHOV
ЧЕХОВ
Jamuga
Ševljakovo
Zubovo
Ivanovskoe
Novosin'kovo
Gorškovo
Ispytatel'nyj poligon avtomobilej
Mit'kino
Novoščapovo
Boris-Gleb
Tarakanovo
Kul'pino
Novokarcevo
Astrecovo
Jahroma
Jahroma
Lutosnja
Istra
Streglovo
Davydkovo
Zaovraž'e
Ol'govo
Šustino
Misirevo
Pokrovka
Vertlino
Tolstjakovo
Pod'jačevo
Dedenevo
Kononovo
Timonovo
Hrabrovo
Paramonovo
Podosinki
Maleevka
Golovkovo
Troickoe
Volguša
Sokol'niki
Novogrišin
Ikša
Kamenka
Ignatovo
Alešin
Pogorelovo
Udino
Ikšinskoe vdhr.
Krivcovo
Dubinino
Hmet'evo
Roždestveno
Roždestveno
Ščekino
Peški
Nikol'skoe
Trudovaja
Tiško
Barskoe-Meleckino
Novinki
Holmy
Nekrasovskij
Pestovskoe vdhr.
Alekseevskoe
Berezki
Marfino
Istrinskoe vdhr.
Ložki
Ozereckoe
Lugovaja
Vitenevo
Pjatnica
Kurilovo
Verhurtovo
Lopotovo
Povarovka
Mendeleevo
Aksakovo
Nazarovo
Sokolovo
Časnikovo
Kan. im. Moskvy
Jakunino
Pirogov vdhr.
Karcevo
Alehnovo
Ognikovo
Lytkino
Savel'evo
Firsanovka
Moskva (Šeremet'evo)
Filatovo
Bužarovo
Duhanino
Žilino
Shodnja
Brehovo
Jadromino
Aleksino
Holščeviki
Istra
Vysokovo
Jurlovo
Lianozovo
Kostrovo
Snegiri
Dedovsk
Saburovo
Babušk
Trusovo
Davydovskoe
Pavlovskoe
Nahabino
Novo-Ostankino
Mansurovo
Anosino
Opaliha
Pavlovskaja Sloboda
Arhangel'skoe
Rakovo
Surmino
Horoševo-Mnevniki
Pokrovskoe
Rublevo
Iglovo
Eršovo
Petrovo-Dal'nee
Il'inskoe
Andreevskoe
Žukovka
Kuncevo
Zvenigorod
Kozino
Karinskoe
Uspenskoe
Mamonovo
Čeremuški
Moskva
Vvedenskoe
Nikulino
Šilovo
Hljupino
Peredelkino
Žavoronki
Zjuzino
Mihajlovskoe
Šarapovo
Mičurinec
Lesnoj Gorodok
Solnecnaja
Mal. Vjazëmy
Agafonovo
Čascy
Golicyno
Kokoškino
Vnukovo
Jasenevo
Nikol'skoe
Podlipki
svh. Krekšino
Moskva (Vnukovo)
Moskovskij
Kommunarka
Filimonki
Izm
Butovo
Kruticy
Kubinka
Kalininec
Aprelevka
Čuprjakovo
Desna
svh. Ščerbinka
Ostaf'evo
Narskie prudy
Alabino
Ptičnoe
Desna
Vatutinki
Akulovo
Troick
Rassudovo
Dubrovicy
Ožigovo
Žodoči
Polivanovo
Nara
Jakovlevskoe
Ščapovo
Ljubanovo
Jur'evo
Pleskovo
Pahra
Krasnoe
Taširovo
Kievskij
Oznobišino
Šiškin Les
Češkovo
Čirikovo
Kurilovo
Moča
Sipjagino
Lukoškino
Ivanovka
Klenovo
Ščekutino
Mačihino
Voronovo
L'vovskij
Atepcevo
Jur'evka
Molodi
Rožajka
L'vovo
Mitjaevo
Kamenskoe
Žohovo
Stolbovaja
Novoselki
Korjakovo
Kresty
Černeckoe
Nara
Skurygino
Vorsino
Aristovo
Romanovo
Rogovo
Kamenka
Čepelevo
Panino
Grišenki
Šarapovo
Balabanovo
Ermolino
Buhlovk
nja
Stremilovo
Lopasnja
M10
A 108
P 113
E105
A 104
A 107
P 113
A 104
P 111
M9
A 106
A 107
A 105
A 100
M1
E30
M3
A 107
A 101
A 101
M3
A 108
M2
E105
40
18
30
34
56
49
35
57
30
46
44
10
67
31
18
52
20
255
230
230

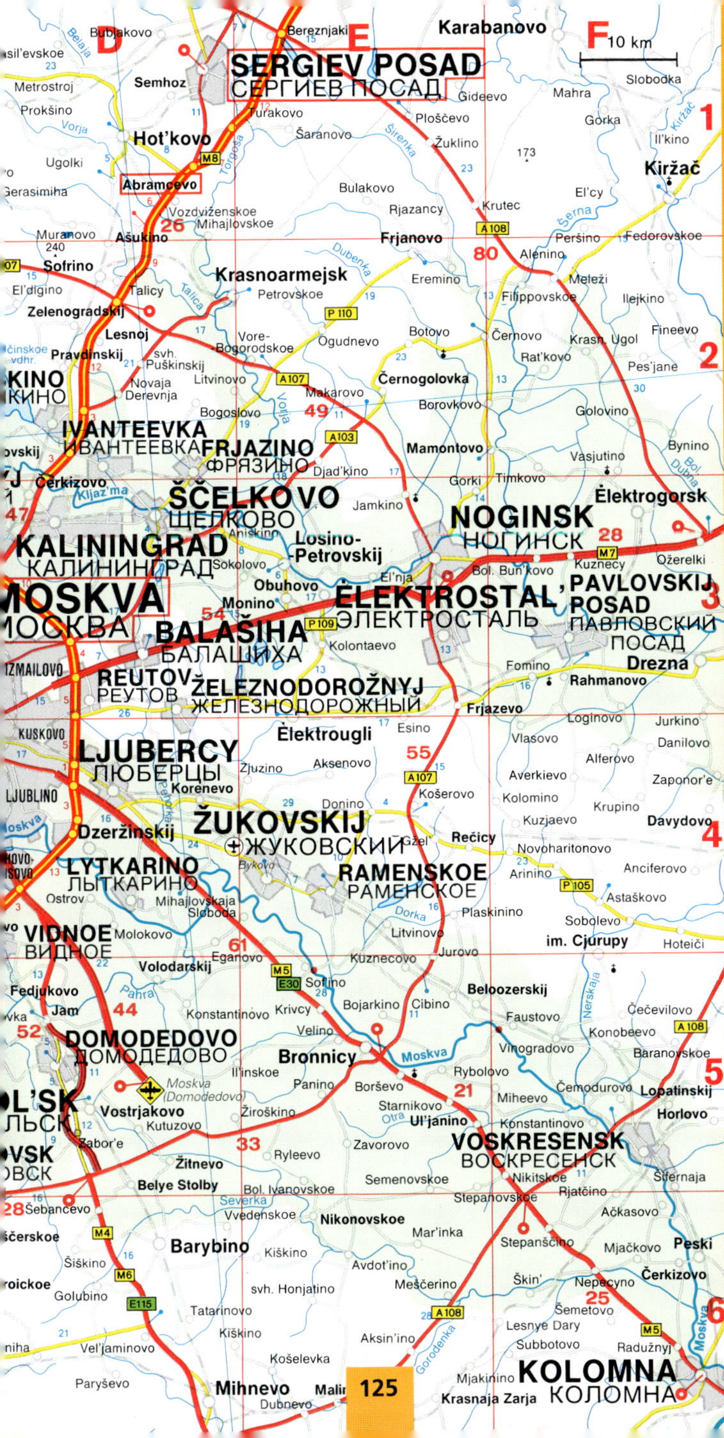

D
E
F
1
2
3
4
5
6
10 km
SERGIEV POSAD
СЕРГИЕВ ПОСАД
Karabanovo
Bereznjaki
Bubjakovo
Semhoz
Hot'kovo
Abramcevo
Metrostroj
Prokšino
Ugolki
Gerasimiha
Turakovo
Šaranovo
Gideevo
Mahra
Slobodka
Ploščeevo
Žuklino
Gorka
Il'kino
Kiržač
Bulakovo
Rjazancy
Krutec
El'cy
Vozdviženskoe
Mihajlovskoe
Muranovo
Ašukino
Frjanovo
Peršino
Fedorovskoe
Alenino
Sofrino
El'digino
Krasnoarmejsk
Petrovskoe
Eremino
Meleži
Filippovskoe
Ilejkino
Talicy
Zelenogradskij
Lesnoj
Pravdinskij
Vore-Bogorodskoe
Ogudnevo
Botovo
Černovo
Krasn. Ugol
Fineevo
Rat'kovo
Pes'jane
svh. Puškinskij
Novaja Derevnja
Litvinovo
Makarovo
Černogolovka
Borovkovo
Golovino
KINO
КИНО
Bogoslovo
IVANTEEVKA
ИВАНТЕЕВКА
FRJAZINO
ФРЯЗИНО
Djad'kino
Mamontovo
Vasjutino
Bynino
Čerkizovo
Kljaz'ma
Gorki
Timkovo
ŠČELKOVO
ЩЕЛКОВО
Jamkino
Ėlektrogorsk
NOGINSK
НОГИНСК
KALININGRAD
КАЛИНИНГРАД
Aniskino
Losino-Petrovskij
Sokolovo
Kuznecy
Ožerelki
Bol. Bun'kovo
El'nja
Obuhovo
MOSKVA
МОСКВА
Monino
ĖLEKTROSTAL'
ЭЛЕКТРОСТАЛЬ
PAVLOVSKIJ POSAD
ПАВЛОВСКИЙ ПОСАД
BALAŠIHA
БАЛАШИХА
Kolontaevo
IZMAILOVO
Fomino
Drezna
Rahmanovo
REUTOV
РЕУТОВ
ŽELEZNODOROŽNYJ
ЖЕЛЕЗНОДОРОЖНЫЙ
Frjazevo
Loginovo
Jurkino
KUSKOVO
Ėlektrougli
Esino
Vlasovo
Danilovo
LJUBERCY
ЛЮБЕРЦЫ
Zjuzino
Aksenovo
Alferovo
Averkievo
Zaponor'e
Korenevo
Koširovo
Kolomino
LJUBLINO
Donino
Krupino
Kuzjaevo
ŽUKOVSKIJ
ЖУКОВСКИЙ
Davydovo
Dzeržinskij
Gžel'
Rečicy
Novoharitonovo
LYTKARINO
ЛЫТКАРИНО
Bykovo
RAMENSKOE
РАМЕНСКОЕ
Arinino
Anciferovo
Ostrov
Mihajlovskaja Sloboda
Dorka
Plaskinino
Astaškovo
Sobolevo
VIDNOE
ВИДНОЕ
Molokovo
Litvinovo
im. Cjurupy
Hoteiči
Eganovo
Kuznecovo
Jurovo
Volodarskij
Sofino
Beloozerskij
Fedjukovo
Pahra
Konstantinovo
Krivcy
Bojarkino
Cibino
Nerskaja
Čečevilovo
Jam
Faustovo
Konobeevo
DOMODEDOVO
ДОМОДЕДОВО
Velino
Vinogradovo
Baranovskoe
Bronnicy
Moskva
Il'inskoe
Panino
Borševo
Rybolovo
Čemodurovo
Lopatinskij
Moskva (Domodedovo)
Miheevo
Vostrjakovo
Kutuzovo
Žiroškino
Starnikovo
Ul'janino
Konstantinovo
Horlovo
Otra
Zabor'e
VOSKRESENSK
ВОСКРЕСЕНСК
Ryleevo
Zavorovo
Žitnevo
Nikitskoe
Šifernaja
Belye Stolby
Bol. Ivanovskoe
Semenovskoe
Rjatčino
Stepanovskoe
Šebancevo
Severka
Vvedenskoe
Nikonovskoe
Ačkasovo
Mar'inka
Stepanščino
Mjačkovo
Peski
Barybino
Kiškino
Šiškino
Avdot'ino
Škin'
Nepecyno
Čerkizovo
Golubino
svh. Honjatino
Meščerino
Šemetovo
Tatarinovo
Lesnye Dary
Kiškino
Aksin'ino
Subbotovo
Radužnyj
Vel'jaminovo
Koševlevka
Gorodenka
Paryševo
Mihnevo
Malin
Mjakinino
KOLOMNA
КОЛОМНА
Dubnevo
Krasnaja Zarja
M8
A108
P110
A107
A103
P109
M7
P105
M5
E30
M4
M6
E115
26
80
49
54
28
47
55
61
44
52
21
33
25

Das Register enthält eine Auswahl der im Cityatlas dargestellten Straßen und Plätze

STRASSENREGISTER CITYATLAS

MARCO POLO

Für Ihre nächste Reise gibt es folgende Titel:

Deutschland

Allgäu
Amrum/Föhr
Bayerischer Wald
Berlin
Bodensee
Chiemgau/ Berchtesgaden
Dresden
Düsseldorf
Eifel
Erzgebirge/ Vogtland
Franken
Frankfurt
Hamburg
Harz
Heidelberg
Köln
Leipzig
Lüneburger Heide
Mark Brandenburg
Mecklenburgische Seenplatte
Mosel
München
Nordseeküste: Schleswig-Holstein
Oberbayern
Ostfries. Inseln
Ostfriesland: Nordseeküste Niedersachsen
Ostseeküste: Mecklenburg-Vorpommern
Ostseeküste: Schleswig-Holstein
Pfalz
Potsdam
Rügen
Ruhrgebiet
Schwarzwald
Spreewald/ Lausitz
Stuttgart
Sylt
Thüringen
Usedom
Weimar

Frankreich

Bretagne
Burgund
Côte d'Azur
Disneyland Paris
Elsass
Frankreich
Frz. Atlantikküste
Korsika
Languedoc-Roussillon
Loire-Tal
Normandie
Paris
Provence

Italien Malta

Apulien
Capri
Dolomiten
Elba
Emilia-Romagna
Florenz
Gardasee
Golf von Neapel
Ischia
Italien
Italien Nord
Italien Süd
Ital. Adria
Ligurien
Mailand/ Lombardei
Malta
Oberital. Seen
Piemont/Turin
Rom
Sardinien
Sizilien
Südtirol
Toskana
Umbrien
Venedig
Venetien/Friaul

Spanien Portugal

Algarve
Andalusien
Barcelona
Costa Blanca
Costa Brava
Costa del Sol/ Granada
Fuerteventura
Gomera/Hierro
Gran Canaria
Ibiza/Formentera
Lanzarote
La Palma
Lissabon
Madeira
Madrid
Mallorca
Menorca
Portugal
Spanien
Teneriffa

Nordeuropa

Bornholm
Dänemark
Finnland
Island
Kopenhagen
Norwegen
Schweden

Osteuropa

Baltikum
Budapest
Königsberg/ Ostpreußen Nord
Masurische Seen
Moskau
Plattensee
Polen
Prag
Riesengebirge
Rumänien
Russland
St. Petersburg
Slowakei
Tschechien
Ungarn

Österreich Schweiz

Berner Oberland/ Bern
Kärnten
Österreich
Salzburger Land
Schweiz
Tessin
Tirol
Wien
Zürich

Westeuropa und Benelux

Amsterdam
Brüssel
England
Flandern
Irland
Kanalinseln
London
Luxemburg
Niederländ. Küste
Niederlande
Schottland
Südengland
Wales

Südosteuropa

Athen
Bulgarien
Chalkidiki
Griechenland Festland
Griechische Inseln/Ägäis
Ionische Inseln
Istrien/Kvarner
Istanbul
Korfu
Kos
Kreta
Kroatische Küste
Peloponnes
Rhodos
Samos
Slowenien
Türkei
Türkische Mittelmeerküste
Zypern

Nordamerika

Alaska
Chicago und die Großen Seen
Florida
Hawaii
Kalifornien
Kanada
Kanada Ost
Kanada West
Los Angeles
New York
Rocky Mountains
San Francisco
USA
USA Neuengland
USA Ost
USA Südstaaten
USA Südwest
USA West
Washington, D.C.

Mittel- und Südamerika Antarktis

Antarktis
Argentinien/ Buenos Aires
Bahamas
Brasilien
Chile
Costa Rica
Dominikanische Republik
Ecuador/ Galapagos
Jamaika
Karibik I
Karibik II
Kuba
Mexiko
Peru/Bolivien
Venezuela
Yucatán

Afrika Vorderer Orient

Ägypten
Djerba/ Südtunesien
Dubai/Emirate/ Oman
Israel
Jemen
Jerusalem
Jordanien
Kenia
Libanon
Marokko
Namibia
Südafrika
Syrien
Türkei
Türkische Mittelmeerküste
Tunesien

Asien

Bali/Lombok
Bangkok
China
Hongkong/ Macau
Indien
Japan
Ko Samui/ Ko Phangan
Malaysia
Nepal
Peking
Philippinen
Phuket
Singapur
Sri Lanka
Taiwan
Thailand
Tokio
Vietnam

Indischer Ozean Pazifik

Australien
Hawaii
Malediven
Mauritius
Neuseeland
Seychellen
Südsee

Sprachführer

Arabisch
Englisch
Französisch
Griechisch
Italienisch
Kroatisch
Niederländisch
Norwegisch
Polnisch
Portugiesisch
Russisch
Schwedisch
Spanisch
Tschechisch
Türkisch
Ungarisch

In diesem Register finden Sie alle Sehenswürdigkeiten, Museen und Personen. Halbfette Seitenzahlen verweisen auf den Haupteintrag, kursive auf ein Foto.

Schreiben Sie uns!

Liebe Leserin, lieber Leser,

wir setzen alles daran, Ihnen möglichst aktuelle Informationen mit auf die Reise zu geben. Dennoch schleichen sich manchmal Fehler ein – trotz gründlicher Recherche unserer Autoren/innen. Sie haben sicherlich Verständnis, dass der Verlag dafür keine Haftung übernehmen kann. Wir freuen uns aber, wenn Sie uns schreiben.

Senden Sie Ihre Post an die MARCO POLO Redaktion,
Mairs Geographischer Verlag, Postfach 31 51, 73751 Ostfildern,
marcopolo@mairs.de

Impressum

Titelbild: Roter Platz, Basilius-Kathedrale (Schuster: CVT)
Fotos: Autorin (2 u., 77); Bilderberg: Burkard (84, 100), Ernsting (U. l., 5 l., 12,41,80), Multhaupt (18); HB Verlag: Teschner/Gaasterland (7, 16, 17, 20, 23, 31, 37, 38, 49, 64, 72, 73, 97); La Terra Magica: Lenz (U. M., 5 r., 15, 19, 25, 27, 44, 54, 58, 60, 65, 88, 90, 93, 94, 99), Wothe (1, 8); look: Johaentges (40), Wiesmeier (6, 33), Wothe (4, 11, 34); Mauritius: Cash (28), Mayer (U. r.); G. Schmid (2 o., 42, 52, 57, 68, 74, 87); Schuster: CVT (111)

7., aktualisierte Auflage 2003 © Mairs Geographischer Verlag, Ostfildern
Herausgeber: Ferdinand Ranft, Chefredakteurin: Marion Zorn
Redaktion: Inge Jacobshagen, Bildredaktion: Gabriele Forst
Kartografie Cityatlas: © Falk Verlag, Ostfildern
Gestaltung: red.sign, Stuttgart
Sprachführer: in Zusammenarbeit mit Ernst Klett Verlag GmbH, Stuttgart, PONS Wörterbücher

Printed in Germany. Gedruckt auf 100% chlorfrei gebleichtem Papier

Bloß nicht!

Nehmen Sie sich in Acht vor Nepp, Bauernfängern und Touristenfallen

Das Bolschoitheater im Kongresspalast ansehen
Das Bolschoitheater gastiert regelmäßig im Kongresspalast des Kreml. Mit 6000 Sitzplätzen ist der Bühnensaal der größte Russlands. Ab der 20. Reihe sind Sicht und Akustik extrem schlecht. Zudem spielt die Musik auch noch vom Band!

Folkloreabende für Touristen anschauen
Bei Pauschalreisen wird oft eine Abendveranstaltung mit angeboten. Das heißt eigentlich Oper, Ballett oder ein Konzert. Doch häufig setzen die Anbieter Folklore ins Programm. Wenn Sie nicht gerade brennend an Volkstanzgruppen in Trachten interessiert sind, gehen Sie bloß nicht hin! Versuchen Sie stattdessen lieber selbständig, kurz vor der Vorstellung direkt vor dem Bolschoitheater, eine Karte für Oper oder Ballett zu ergattern.

Ikonen kaufen
Im Ismajlowskij-Park und auf dem Arbat werden Ikonen angeboten. Kaufen Sie sie nicht, denn sie sind meistens nicht echt, – und wenn sie echt wären, dürften Sie sie nicht ausführen.

Hackenschuhe tragen
Wichtig für einen Moskaubesuch ist das Schuhwerk. Tragen Sie keine Hackenschuhe! Die Straßen sind schlecht, es besteht wirklich Verletzungsgefahr!

Nachts allein Taxi fahren
Moskau ist nicht gefährlicher als jede andere Großstadt auf der Welt. Trotzdem ist es sicherer, nachts nicht allein Taxi zu fahren und schon gar nicht in ein Privatauto einzusteigen, in dem zwei oder mehr Personen sitzen.

Antiquitäten ohne offizielle Bestätigung ausführen
Seit ein paar Jahren gibt es einige schöne Antiquitätenläden, die Samoware, Silber und Porzellan anbieten. Ausführen dürfen Sie die Dinge nur mit einer Bestätigung des Kultusministeriums.

Überteuerte Taxen nehmen
In Moskau ist die Fahrt mit dem Taxi nicht unbedingt ein Vergnügen, denn die wenigsten fahren mit Taxameter. Besonders die Taxen vor Hotels nehmen überhöhte Preise. Es gibt keine Fahrt unter 10 bis 20 Dollar. Das mag uns zwar nicht viel erscheinen, aber es ist Nepp. Die Moskauer, die nicht über Devisen verfügen, können so überhaupt keine Taxis mehr bekommen. Verzichten Sie also auf diese Taxis. Ein paar Schritte vom Hotel entfernt bekommen Sie an der Straße oft ein günstigeres Fahrzeug.